孤独は社会問題

孤独対策先進国イギリスの取り組み

多賀幹子

光文社新書

亡き夫、康紀に本書を捧げます。

はじめに

混乱のイギリス

イギリスはこのところ長く混乱の中にある。

始まりは、２０１６年の国民投票だった。当時のキャメロン首相が、ＥＵから離脱するかどうかを問う国民投票を実施した。結果はまさかの離脱だった。ＥＵから出るのが本当に国民の総意だろうかと、いくらいぶかしがっても、離脱支持者の数は残留支持者を超えている。離脱を選択した事実は動かしようもなく、いつか離脱への道を突き進み始めたのだった。

辞任したキャメロン首相の次は、テリーザ・メイが首相に就任した。マーガレット・サッチャーに次いでイギリスの2人目の女性首相に期待が集まり、この時期なら大勝すると見込んで踏み切った総選挙でまさかの大敗を喫した。この後は、メイ首相に逆風が吹き荒れ、ＥＵと話し合ってまとめた離脱関連条件案は、持ち帰ったイギリス議会でことごとく否定され、首相は涙で声を詰まらせながら辞任を発表した。在任期間はわずか3年ほどだった。

社会に根付く、孤独対策の基盤

離脱に関しては残念なメイ首相だったが、孤独担当相を世界で初めて創設したことが大きな注目を浴びた。孤独のもたらすダメージを病気の罹患《りかん》率や経済的損失など具体的に挙げ、人気のトレイシー・クラウチ大臣を担当相に任命した。

しかしクラウチ大臣は、すでにスポーツや文化などを担当し、関心のある福祉関係にも手を広げていて多忙を極め、孤独対策に目を見張る業績は上げられなかった。またクラウチ大臣は、メイ首相のギャンブル政策に抗議して辞任、その後を継いだボリス・ジョンソン首相からスポーツ担当大臣を依頼されたが、当時3歳の長男との時間をもっと充実させたいとして、丁重に断った。

宙に浮いた形の孤独対策だが、私の見た限りでは、孤独な人に手を差し伸べる仕組みは完璧ではないにしても、すでにイギリスでは基盤はできているように思われる。イギリスにはかねてより弱者のために無数のチャリティー団体が存在していて、活発に活動している。チャリティーのパトロン（支援者）を務めるロイヤルも、それぞれが熱心に役割を果たす。

高齢者からのヘルプを求める電話に対応する「シルバーライン」は、一人の女性が自分の経験から創設したし、カフェのコスタ（イギリスのカフェチェーン最大手）に「おしゃべりテーブル」を設置するように持ちかけたのも、育児中の母親だ。男性を孤独から救う「メンズ・シェッド」も定年後の男性の創設である。街を歩いてもパブに入ってもテレビを見ても、社会的弱者を守り生かす取り組みが目に飛び込む。政府が孤独担当相を作ろうと作るまいと、すでに根を下ろしていると確信する。

コロナ・ショックとイギリス

そこに襲いかかったのが新型コロナウイルスだ。イギリスは感染爆発が起きたヨーロッパの国々の中で、感染者数も死者数も最多の時期が続いた。２０２１年3月下旬の時点で死者は12万人を超す深刻さである。第三波を受けて三度目のロックダウンも行った。

繰り返される都市封鎖により、多くの人が孤独な状態に追いやられた。しかし、そこでもまた、医療従事者などに感謝の拍手をする活動が国民の中から始まり、政府の医療ボランティアへの呼びかけに約75万人が名乗り出るなど、イギリスの人の共感力や想像力、行動力が遺憾なく発揮された。

＊　＊　＊

この本では、世界初の孤独担当相の設立経緯から進めて、イギリス社会に根付く弱者への思いやり、チャリティー団体の細やかな目配り、慈善団体のパトロンを担うロイヤルの献身ぶりなどにも話を広げたい。それが、新型コロナの影響などで、さらに格差が広がり痛ましい自殺が増える日本で、「真の豊かさ」に何らかのヒントをもたらすなら望外の喜びである。

孤独は社会問題

孤独対策先進国イギリスの取り組み　目次

第五章　ロンドンを歩けば……161

＊1ポンドは約140円で換算した。

第一章

孤独担当大臣の創設

2018年1月、テリーザ・メイ首相(当時)は、「孤独担当大臣」を世界で初めて設置した。孤独は心身の健康を著しく損なうが、実にイギリス人の7人に一人が孤独を感じている。その経済的損失は膨大であると説明したうえで、孤独担当大臣はトレイシー・クラウチDCMS(デジタル・文化・メディア・スポーツ)政務次官が兼務すると発表した。これは、孤独対策に以前より打ち込んでいた故コックス議員(EU離脱の国民投票直前に殺害された)の遺志を継ぐ意味もあった。たちまち孤独担当大臣は世界から注目され、イギリスの孤独への積極的な取り組みに多くの賛意が寄せられた。

しかし、その後クラウチ大臣は辞任、その後はミムズ・デイヴィス氏が任命されたが、まもなくメイ首相が辞任。後を継いだボリス・ジョンソン首相は2019年7月、ダイアナ・バラン氏をDCMS部門のシビルソサイエティ(市民社会)内の「孤独」を担当させることにした。

2020年3月、イギリスは新型コロナウイルスの感染拡大予防策として、ロックダウン(都市封鎖)を行った。さらにその後二度ほど実施している(2021年5月現在)。コロナ禍《か》は人々をさらに孤独な状態に追いやっている。今ほど孤独担当大臣に期待が寄せられている時はない。

1・1　イギリスの「孤独」事情

孤独担当大臣誕生

２０１８年1月、テリーザ・メイ首相（当時）は、世界で初めて「孤独担当大臣（Minister for Loneliness）」を設けた。孤独という捉え方に個人差が大きい概念に、政府が担当大臣を置いたとのニュースは世界を駆け巡った。

そもそもイギリス人には、孤独は無縁のはずと思われていた。街の通りごとに少なくとも一軒のパブが見つかるし、一つの街には決まって一つ以上の教会が存在する。それらが人々を結び付ける役割を少なからず担ってきたからだ。

パブとは、18世紀ごろに「パブリック・ハウス（公共の家）」と呼ばれる店が街に生まれたのが始まりといわれている。人々の集会場であり、社交場であり、時には結婚式場にも使われた。次第に、ビールを飲みながらおしゃべりする気軽な居酒屋として発展、定着していった。

しかし、パブはこのところ減少している。若い層を中心にアルコール離れが進んでいるのだ。コーヒーや紅茶などが飲める気軽な喫茶店が数多く現れて、相対的にパブの存在感は薄れている。ヘルシー志向が急速に浸透するせいか、野菜やフルーツがたっぷり摂れるスムージーなどを飲ませる店も目立ち始めた。

教会については、英国国教会がコミュニティーごとにあり、洗礼式、結婚式、葬式などを取り仕切ってきた。他にも、イースター、クリスマスなどのイベントに深く関わる。日曜日ごとの礼拝も催す。しかし、都市化や家族構成やライフスタイルの変化などの影響もあるのだろうか、これまた若い人の教会離れが進んでいる。

英国赤十字社は約6560万人の人口のうち、「常に」または「しばしば」孤独を感じる人は900万人以上いると報告している。約7人に一人という計算だ。ただ、孤独であるとは認めない「隠れ孤独」も少なくないだろうから、実際はこれ以上の数字が予想される。

孤独は、退職や離婚、配偶者の死亡など大きな転機に意識されやすく、適切なタイミングで支援が受けられない場合は、健康にも悪影響をもたらす。

英国家庭医学会によると、孤独は肥満や一日15本の喫煙以上に体に悪い。孤独な人は、社会的なつながりを持つ人に比べ、天寿を全うせずに亡くなる割合が1・5倍に上がる。若者の場合は、ソーシャルメディアのヘビーユーザーほど孤立度が高い傾向が見られた。65歳以上に限ると、5人に2人がテレビかペットが「一番の友人」と答えている。ロンドンの移民・難民の6割弱は孤独が最大の課題だという。

孤独が原因の体調不良による従業員の欠勤や生産性の低下で、雇用主は年に約3560億円の損失を被っているとの調査もある。75歳以上になると半数以上が一人暮らしだ。障害者は、半数が絶えず孤独を感じている。孤独で生じる経済的損失は、約4・8兆円に達するといわれる。

「政界の期待の星」と暗殺

イギリスの孤独問題には、故ジョー・コックス（Helen Joanne "Jo" Cox）下院議員（1974—2016）が取り組んだ。彼女はグラマー校からケンブリッジ大学ペンブルック・カレッジに進み、社会政治学を専攻した。

イギリス発祥の慈善団体オックスファムで人道支援活動に従事。乳児死亡率の低下や現代の奴隷制度撲滅《ぼくめつ》に献身的に働いた。2015年に下院議員（労働党）に初当選すると、議会での演説で移民の積極的な受け入れや、シリアなどからの難民の保護を訴えて注目された。新人女性議員としての活動が目覚ましく、メディアからは「政界の期待の星」と評された。

しかし彼女は、２０１６年６月23日のＥＵ離脱の是非を問う国民投票日の１週間前に選挙区のリーズ市近郊で殺害された。享年41。イギリスでの国会議員の暗殺は、１９９０年に北アイルランドのテロ組織ＩＲＡ（アイルランド共和軍）が仕掛けた爆弾により、保守党議員が殺害されて以来のことだ。

コックス議員は、ＥＵ残留を強く訴えていた。事件前日には、ロンドンを流れるテムズ川で家族とともに乗り込んだボートから、ＥＵ残留への支持を呼びかけた。ツイッターでは「移民問題に関する懸念はもっともですが、それがＥＵ離脱の理由にはなりません」と主張した。

６月16日、議員はリーズ市近郊の図書館で行われる集会の準備に追われていた。ふと男性たちの口論に気が付いて仲裁に入ったところ、一人の男に突然拳銃で撃たれた。目撃者によると、男は再び撃ったうえ刃物で繰り返し刺し「ブリテン・ファースト（英国第一）」と何度も叫んだという。議員は病院に急送されたが、約１時間後に死亡が確認された。

「偉大なスターを失った」

地元警察は52歳（当時）の男を逮捕、拳銃を含む武器を押収した。男の名前はトーマス・メアで、当日持参したカバンから拳銃を取り出し議員を銃撃後に刃物で刺したことが明らかになった。投票直前に起きた残虐な事件の衝撃は大きく、離脱派、残留派ともに同日の活動をすべて中止した。

労働党のジェレミー・コービン党首（当時）は、ツイッターを通して「コックス議員の襲撃に大きな衝撃を受けている」とコメントした。当時のキャメロン首相（保守党）も声明を出し、「偉大なスターを失った」と悼んだ。

議員の夫、ブレンダン・コックス氏は、声明を発表した。「妻は、その死によりイギリスが分断されることを望んでいません。憎しみは害悪しかもたらしません。妻はこれまでの人生に悔いはないはずです。彼女は一日一日を精一杯生きたと確信できますから」と話した。

2016年6月17日、ニューズウィークは議員の暗殺を報じ、「弱者のために生き、憎悪に殺されたジョー・コックス」とタイトルを付けて悼んだ。

メア被告の思想的背景

11月23日、議員を殺害した罪などに問われたメア被告に終身刑が言い渡された。これは、中央刑事裁判所の陪審員が、議員殺害の他、議員を助けに駆け付けた通行人らを刺して重傷を負わせた罪、さらに意図的な銃や刃物の所持も含めて下した判決だった。被告は、判決を言い渡された時に何の反応も示さなかった。

裁判官は、被告に対し「殺害は、白人至上主義の考えによるものです。あなたがしたことは我が国を裏切る行為で、議会制民主主義への裏切りでもあります。殺害の動機は、ナチス・ドイツへの崇拝や反民主主義的な白人至上主義の信念です」と指弾した。

夫コックス氏は、「殺人は政治的なテロ行為だと確信します。妻は、何よりも二つのことを望んでいるでしょう。一つは私たちの大切な子どもたちにこれからも愛情がたっぷり注がれることです。もう一つは、彼女の命を奪った憎むべきものに対して、みんなで団結して闘っていくことです」と力を込めた。

公判中に、被告はネオナチや議員に関する資料をひそかに集めていたことが明らかにされた。資料の中には、議員の写真、学歴、職歴の他に、登山の趣味があることなどが記された書類も含まれていた。また、家宅捜査の結果、被告の所有する本には、ヒトラーに関するものが多く含まれていた。地元の人は、彼のことを「物静かで他の人と交わらなかった」と話す。反EUの運動を展開する極右グループとの関連が指摘されたり、メンタルヘルスに問題を抱える人のリハビリ施設に通ったりしていたことも明らかになった。

また、前述したように、被告は議員を襲撃している間、「ブリテン・ファースト」と叫んでいた。

すぐに極右団体「ブリテン・ファースト」は、被告とは無関係であると声明を発表した。「ブリテン・ファースト」の会員の一人は、「自分たちは確かに、白人の左翼政治家に対する嫌悪感を表明していた。しかしこのたびの事件には他の人たちと同様、大きなショックを受けている。被告は、団体に所属していない」と強調した。「ブリテン・ファースト」の幹部も会見で、事件との関連を重ねて否定した。「我々は、今回の件では何も手を出していないし、そもそも暴力的な行動は許していない。我々の仕事は、選挙に出馬することだ。私は先だってロンドン市長選挙に出馬して10万票以上を獲得した。我々が行うのは、こうした政治活動である。ただ、時には直接行動に出ることもある。以前にハラール（イスラム法上で食べることが許されている食材や料理）の食肉処理場に反対する行動を取った。だが殺人は最低な行為と見なしている。ブリテン・ファーストとは、EU離脱支持者の間で使われる一種のスローガンである」と強調した。

孤独は社会問題

コックス議員が「孤独は社会問題である」と捉えたのは、選挙活動での経験からだった。家から家へと一軒ずつ訪問しているうちに（イギリスでは戸別訪問は許されている）、多くの人が一人ぼっちの寂しさと向き合っていることに気が付いた。

高齢者から若者まで男女ともに、それぞれの孤独を抱えている。議員が玄関のチャイムを鳴らしても、ドアが開かないことが少なくなかった。しかし、いったん議員を招き入れると、今度は「我が家を訪ねてくれた人は本当に久しぶり」とあれこれ打ち明けるのだった。堰《せき》を切ったように話し出す人もいて、1回の訪問は予定時間を大幅に超えるのが常だった。「ぜひまた来てほしい」と懇願されることもあった。

相談された問題については、担当部署や慈善団体などに連絡して、解決に向けてつなげることもした。選挙活動がきっかけで、議員は、孤独には社会が立ち向かうべき深刻な問題がいくつも含まれていると捉えるようになった。

遺志を継ぐ

議員が亡くなった後、彼女に敬意を表して超党派議員らが「ジョー・コックス孤独対策委員会」を創設した。委員会は、ａｇｅＵＫや英国赤十字社など13の慈善団体と協力して、高齢者と介護人、無職の青年、育児中の女性など、何らかの支援を必要とする人々との対話の機会を設けた。さらに、活動で報告された情報を各慈善団体が委員会に提供し、２０１７年末に委員会が声明文にまとめた。そして、孤独の解決に向けての国家戦略や対策を指揮する担当大臣の設置案などを盛り込んだ報告書を提出した。

それを受けて、政府は孤独で苦しむ人を減らすための政策を練った。民間の協力を得ながら超党派で対策を進め、孤独担当大臣はデジタル・文化・メディア・スポーツ省の、国民に人気があるトレイシー・クラウチ政務次官（当時42歳）が兼務するとしたのだった。

クラウチ大臣への期待

トレイシー・エリザベス・アン・クラウチ議員は、1975年7月生まれで、イギリスのケント州出身。国立ハル大学を卒業。2017年の総選挙で三度目の当選を果たした。彼女はサッカー選手を引退後、フットボール・アソシエーション（イングランド・フットボール協会）公認のコーチング・ライセンスを保持するサッカー指導者になった。体育会系の活発で明るい人柄だ。彼女は、「ボランティアや活動家、企業、政治家がともに力を合わせれば、孤独に打ち勝つために前進できる」と力強く話している。

これまで議員として取り組んできたのは、認知症のケアの充実、アルコール依存症の治療、インフラの改善などだ。彼女はコックス議員と年齢が近く、党を超えて議員を敬愛していた。メイ首相（当時）は、「多くの人たちにとって、孤独は現代における悲しい現実だ。お年寄り、介護者、愛する人を失った人など、経験や思いを分かち合う相手がいない人たちが抱える孤独に対処するため行動したい」と抱負を語っていたから、クラウチ議員への期待も大きかった。ただ、クラウチ大臣はデジタル、文化、メディア、スポーツといくつもの分野を担当しており、孤独問題にどれほど時間とエネルギーをさけるのか、疑問視する声も上がった。

「偽善だ」――批判の声も

イギリス発の孤独担当大臣設置のニュースは世界中に瞬く間に伝わり、「そうした大臣が必要なのは、実はうちの国ではないか」との声が先進国を中心に上がった。ただ、孤独であるかどうかは人によって捉え方が異なるうえに、心の中の問題に政府が入っていくのは賛成できないとの声もあった。

イギリス人からは、おおむね好意的に受け止められているものの、2010年の保守党政権誕生以降の緊縮政策などで、地方自治省が大幅な予算削減を強いられていることが背景にあると指摘する声もある。母子家庭の助けになる公的子育て支援施設やDV（ドメスティックバイオレンス）被害者の保護施設、児童や青少年が集まるユースセンター、また公共図書館など、一般の人々が自由に使える公的な場所が次々と閉鎖に追い込まれたことの埋め合わせではないかという。こうした施設の復活こそ、孤独対策に効果的なはずだとの意見だ。孤独担当相の設置は「偽善だ」（ガーディアン紙）とする厳しい見方さえ出た。

「孤独は、我々が直面する最も重要な健康問題です」

孤独担当相の職務内容としては、孤独解消に全省庁で取り組むための戦略を策定し、中央政府やボランティア組織を集約し支援することなどが挙げられている。

2018年6月になって、ようやく動きが見えてきた。クラウチ大臣は各省庁の政務次官らを集めて対策チームを設置した。孤独になるリスクの高い高齢者やニートの若者らを支援するNPOなどに、総額約29億円を補助すると発表した。また、孤独の予防や軽減に有効だった活動と効果がなかった活動のそれぞれの理由を調査して、結果を公表すると決まった。

2018年10月、「孤独についての会議」に出席したクラウチ担当相は、「孤独は、我々が直面する最も重要な健康問題です」と語りかけた。会議には、世界各国から約300人が集まり、活発な議論が交わされた。イギリスが口火を切った孤独問題は反響を呼び、一気に世界に広がったといえるだろう。

しかし、クラウチ大臣は会議のわずか1か月後、11月に辞任してしまった。理由は、ギャンブルの中でも特に依存性が高いといわれるゲーム機「FOBT（固定オッズ発売端末）」の賭け金問題に抗議したからだ。毎日2人ほどもがギャンブルに関連して自死しているのに、政府の対応が遅いと訴えてのことだった。

その後、メイ首相は後任としてミムズ・デイヴィス氏を任命した。２０１９年7月、ボリス・ジョンソン新首相はダイアナ・バラン氏をＤＣＭＳ部門のシビルソサイエティ（市民社会）内の「孤独」を担当させることにした。

バラン氏は１９５９年生まれ。ケンブリッジ大学卒業後、４人の子どもを育てながら、ＤＶ被害者支援の慈善団体を創設、その献身的な働きに対して２０１１年に勲章を授与され、ライフピア（世襲されない一代限りの貴族）となった。

バラン氏はデジタルやスポーツなどに関する責任はないので、もう少し孤独に時間をさけると期待された。「私は、たくさんの人に会い、まず話をよく聞くことから始めました。すると、コミュニティー・カフェ、散歩、読書、音楽、各種スポーツのグループなどを組織して、多くの人を結び付けるリーダーが各地にすでに多くおられる。こうした草の根の活動こそ孤独対策には最も有効と思うので、ぜひ支援していきたい」と話している。

1・2　世界の孤独対策

静かなる疫病――アメリカでは

イギリスが発した、孤独がもたらすダメージへの警告は世界に広がった。ニューズウィーク2017年2月7日の「ブレグジットの陰で進んでいた孤独の健康被害。英国で委員会発足」では、アメリカの孤独について報告している。

高い頻度で孤独を感じる人の割合は成人の40～45％に達し、1980年代から倍増した。ベビーブーマー（アメリカでは、第二次世界大戦の終結直後に復員兵の帰還に伴って出生率が上昇した時期に生まれた世代。1946年から1964年ごろまでを指す）が高齢に近づいていることもあって、孤独を感じる人はますます増える見込みだという。

カリフォルニア大学ロサンゼルス校で孤独による健康被害を研究するスティーブ・コール博士は2007年、「慢性的な孤独を経験した人とそうではない人との間には、細胞レベルで大きな違いが見られる」と発表した。孤独に苦しむ人の場合、炎症に反応する遺伝子が

「オン」の状態になっている。「慢性的に炎症の状態が続くと、アテローム性動脈硬化症や循環器疾患、神経変性疾患、転移性がんといった慢性病を誘発する原因となってしまう」と警告する。

孤独は「静かなる疫病」であり、うつ病などよりリスクが大きい。タイム誌はすでに２０１５年の記事で、アメリカのブリガム・ヤング大学による調査について取り上げ、孤独が肥満や薬物乱用に匹敵する公衆衛生上の問題になりうると指摘している。

ユニークな孤独対策――オーストラリアでは

２０１９年２月28日のイギリスのデイリーメール紙は、オーストラリアのユニークな孤独対策を紹介した。２０１８年に行われたオーストラリアの調査によると、オーストラリアでいかに孤独が蔓延《まんえん》しているかがわかる。４人に一人のオーストラリア人が毎週、また２人に一人が１週間に一日は寂しさを感じている。オーストラリア人の55％は孤独に対して社会的サポートがないと思っていて、４人に一人が深刻な不安感を持つ。

タスマニア大学の教授は、「寂しい」とは自分の周囲に人がいないといった状態を指すのではなく、質の高い、意味のある、強い人間関係を持っていないことである、と話す。

オーストラリアで話題を集めるユニークな孤独対策は、「カドル・パーティー」だ。カドルとはcuddle（抱く）の意味。27歳の女性ジャーナリスト、ローラがオーストラリアの首都キャンベラで、人気急上昇中の「カドル・パーティー」に参加した経験を寄せている。

木曜夜9時半に主催者の家に集合する。パーティー開始時間になると、資格を持つタッチセラピストが参加者に着衣のままスタジオの床に横たわるように指示。仰向けに寝そべると、深呼吸して体の力を抜きリラックスする。さまざまな年齢の男女が床に敷かれた豆の袋やクッションの上に密着、互いにゆっくりと笑顔でタッチを始める。たとえば、相手の頭を軽くタップするようなシンプルなものだ。むろん互いに合意のうえである。手をつないだまま、おしゃべりをする人もいる。話す内容は、ほとんどが相手への敬意と称賛だ。いかにすてきかを具体的に伝えるなど、美点を言葉にする。1時間から2時間ほどそうしたままだ。時間はあっという間に過ぎる。

主催者は「性的な刺激を受けるのはごく普通です」と話す。しかし、それに反応してはいけない。決して行動に移さないのがマナーだ。これはあくまで、寂しさと闘う人のためのものなのだ。参加したローラはすっかりはまってしまい、終了時には次回の予約を入れたそうだ。パーティーで、数人の男女の友人ができたと報告した。

参加者の中には、これまで耐えてきた寂しさを初めて口にする人がいる。まるで拷問のように、自分を孤立させていたことに気付いたと打ち明ける人も。弱さを認めることになってしまうから、ほしいものをあえて自分に与えなかった、と話す人もいた。高齢者だけが寂しいとは決まっていない。20代30代でも40代50代でも寂しい。寂しいのは高齢者のみ、という考え方をやめるべきと強調した人もいた。

イギリスばかりでなく、アメリカでもオーストラリアでも「孤独は病いを呼ぶ」と見なされている。

メンズ・シェッド（男たちの小屋）——イギリスでは

再びイギリスに目を向けよう。イギリスでは、孤独対策として「メンズ・シェッド（男たちの小屋）」が注目を浴びている。「シェッド（shed）」とは、小屋や納屋を指す。定年退職した男性は居場所を失い、孤独に陥りがち。そうした状態にならないよう、地域のメンズ・シェッドに集まり、一緒に手を動かす。仕事は主にＤＩＹだ。テーブルやベンチをこしらえて地域の公園に設置するのもいいし、学校に手作りの遊具を寄付してもいい。自宅に飾る壁掛けを製作しても、むろんよい。

全国のメンズ・シェッドを運営する「メンズ・シェッド協会」は、ロンドンに住むマイク・ジェンさんが創立した。マイクさんが定年を迎えたと、当時オーストラリアに住んでいた息子さんに連絡したところ、息子さんはオーストラリアではメンズ・シェッドという組織が活発に活動していて人気もある、と知らせてきた。マイクさんはさっそく調べてみた。

メンズ・シェッドは単なる工作以上のものを参加者にもたらすライフセイバー（苦境から救ってくれるもの）。創造的なコミュニティースペースで、仲間たちと肩を並べての作業は予想以上に胸が躍る。友情が得られれば、寂しさを忘れる。人に喜ばれ感謝されると、やりがいに通じると謳《うた》っている。マイクさんは、「これだ」と膝を打った。イギリスでも必要とする男性は多いはず。「イギリス版メンズ・シェッド」をぜひとも立ち上げよう。

イギリスのメンズ・シェッドは、マイクさんの手で２０１３年にスタートした。わずか30か所ほどでの船出だったが、２年後にチャリティーとして認可されてからは順調に増え、２０１９年秋には全国に５００か所以上を数えるようになった。利用者は１万２０００人を超す。さらに約１５０が開設準備中だ。ほとんどのシェッドが、１か月に６回から９回ほど活動する。

　自宅近くのメンズ・シェッドを探す時は、住所のポストコード（日本の郵便番号のようなもの）をパソコンに打ち込めば、地図で示される。「活動中」「予定」「サポートグループ」と三つに色分けされている。近くにない場合は、自分で立ち上げてもよい。「男たちの」と謳っても、女性が参加しているシェッドも少なくない。

　協会は、このように参加を呼びかける。


　オーストラリアでかなり前に始まったメンズ・シェッドだが、イギリスでもアイルランドでもすでにスタートしていて、好評である。メンズ・シェッドは、高齢男性の社会的活躍の機会不足を反映しているのかもしれないが、社会的接触がないと健康に悪影響を及ぼす。定期的な相互作用と継続的な身体的精神的な活動は、心身の改善に役立つ。メンズ・シェッドは、高齢男性がスキルを教え合う楽しい集まりである。

　私たちの協会はまだ規模は小さいが献身的なチームで、全員がボランティアの経験を持つ。メンズ・シェッドを新たに立ち上げようとするなら、あなたの置かれた状況を考慮しながら、基本的なガイドを行う。メンズ・シェッドは間違いなく健康に〝効く〟。

まずは連絡をお願いしたい。

サポートは細やかだ。参加希望者には、住まい近くのメンズ・シェッドの場所を知らせる。新たに開設する人には、アドバイスを惜しまない。オープンする準備が始まれば、地図で示して他の人の参加を募る。必要ならスタッフがその場に出向いて、具体的なヘルプを行う。基金集め、保険、リスクマネジメント、シェッドの維持方法などだ。もし寄付された大工道具やＤＩＹ機具、木材などがあれば、必要なシェッドに融通する。シェッドの魅力をアップして、参加者が増えるよう心を砕く。

新たな人間関係の構築

メンズ・シェッドでは、壊れた家具をよみがえらせ、バイクや自転車の修理をして、花の栽培に力を注ぐ。販売できるものをこしらえて、道具購入の代金や保険料金に充てたりもする。参加者には、過去にこうした仕事に経験がある人とない人が混じる。

でも、それはたいした問題ではない。参加者の中には定年を迎えた大工がいたが、「仕事をやめてからは、たばこと酒しかやることがなかった。しかしこのシェッドは最高だよ」と喜ぶ。また、ある男性は参加当時は軽いうつ状態だったが、今では張り切って仲間にスキルを伝授している。互いに技術を学び、アイディアを出し合いながら、参加者同士の絆《きずな》を深める。モノを作りながら、人間関係を構築していくのだ。

初対面の人と折り合い、新しい友人をこしらえ、コミュニティーへの参加意識を高める。よい影響は、地元のコミュニティーにも、もたらされる。参加者の88％が、それまでは関心が薄かったコミュニティーに積極的に関わるようになった。「シェッドで互いに助け合う時間を持つと、満足感が得られる」「友人らと一緒に汗を流すとやりがいを覚えるし、ＬＯＶＥさえ感じることがある」「精神状態が改善した。希望を与えてもらったからだ」などの感謝と喜びの声が寄せられている。

1・3　コスタの取り組み

コーヒーチェーンが設けた「おしゃべりテーブル」

コスタコーヒーは、イギリスの最大手のコーヒーチェーンだ。１９７１年ロンドンに、コスタファミリーによって設立された。イギリスには約２５００（２０１９年）の店舗を構える。

メニューは、コーヒーと紅茶の他に、サンドイッチ、クッキーなどがある。人気コーヒー店のコスタが、店内に「おしゃべりテーブル」を設けた目的は、ずばり孤独の撲滅だ。コスタはまず全国25店に「チャター・アンド・ナター（chatter and natter）テーブル」を準備、しばらく様子を見た結果、反応がよいとして全国約３００店に広げた。

仕組みはシンプルだ。店内のテーブルの一つを客同士が話をする専用場所と決める。話はわずか5分間でもいいし、会話が弾んで1時間になってもかまわない。互いに顔を合わせて会話することがポイントで、「固い友情に発展させなくては」と肩に力を入れる必要はない。

気軽なおしゃべりで十分だ。

一人の母親の思い

店内のテーブルの一つを見知らぬ者同士の専用にするとのアイディアは、アレクサンドラ・ホスキンさんが思い付いた。彼女は２０１７年当時、マンチェスターで男の子を育てていたが、寂しくてならなかった。子どもの世話をすることは楽しいのだが、日中は大人の話し相手がいない。夫は帰宅が遅く、休日も働きに出る。誰かと言葉を交わしたいとの思いがつのった。

スーパーマーケットに買い物に来た時には、店内のカフェで一人の高齢女性がぽつんとコーヒーを飲んでいるのを見た。また足の不自由な若い男性がやはり一人ぼっちでいるのも目撃した。

このような人たちが同じテーブルを囲めば、楽しい会話が始まるのではないだろうか。ホスキンさんは彼らも自分と同じように孤独なのではないかと想像した。「私は経験から、寂しくてならない時、他の人とのちょっとした言葉のやり取りが気持ちを明るくしてくれるこ

イギリスの最大手のコーヒーチェーン、コスタ。ポスターには「自由におしゃべりできるチャター・アンド・ナターテーブルが、毎週、月・火・水曜日に用意されます」と書かれている。

とを知っていました」とホスキンさん。

店の中に誰とでも話ができるテーブルを用意するように、いくつかの企業に働きかけた。おしゃべりテーブルを採用したのは、コスタだった。コスタは、「ファンタスティックな企画を当社がまず取り入れたことを、誇りに思っています。もとよりコスタはこれまでも皆さんのコミュニケーションのハブの役割を果たしてきましたので、抵抗はまったくありませんでした」と話している。

おしゃべりテーブルでは、さまざまな出会いが報告されている。ロンドンのマズウェルヒルのコスタでは、スタッフが別々に座っていた女性に「もしよかったら、おしゃべりテーブルで話してみませんか」と誘った。２人は喜んで応じ、さっそく話を始めたところ、驚いたことに遠い親戚であることが判明した。その後、２人は毎週のようにコスタにやって来て話し込むようになったそうだ。

おしゃべりテーブルは、誰でも参加できる。一人でもいいし、2人でもいい。友人と連れ立ってもかまわない。介護者なら、介護している人と一緒に来てほしい。お母さんと赤ちゃんでもいいし、むろんお父さんと赤ちゃん、おばあちゃんと赤ちゃんといった組み合わせも歓迎だ。老若男女すべてOKである。

「他人と口を利かない国」で

コスタのアンケート調査によると、イギリスは次第に「他人と口を利かない国」になってきている。75％もの人が、もっと人とじかに話したいと願っている。顔を合わせて、おしゃべりをしたい人が多いのだ。

コスタの店舗のうち、南部にあるブライトンのコスタが最もテーブルの使用が多く、一日平均14件もの会話が行われるとか。平均は10件だから、活発なのがわかる。最も少ないのはバーミンガムで、スタッフが勧めると「恥ずかしいから、やめておく」「知らない人と話すのは怖いし、誤解されるかもしれない」と断るそうだ。

おしゃべりテーブルでの会話のトピックは、トップが天気についてだ。2番がコスタ店内の装飾などについて。3番が地域のこと。4番は「どのようにしてここに来たのか」。5番は最近のニュース。6番はスポーツ。7番は仕事。8番は好きな音楽。9番はどこに住んでいるのか。10番は週末はいつも何をするのか、などとなっている。

1番が天気というのは、いかにもイギリスらしい。イギリスの天気は目まぐるしく変化するので、話は尽きないだろう。「よく雨が降りますね」と話しかければ、「まったくその通りです」との答えが返ってくる。こんな何気ない会話から始めれば、そのまま続けやすいのかもしれない。相手に警戒させないトピックとして、天気は最適だ。

コスタのテーブルにヒントを得て、似た場所をこしらえた人がいる。レスターシャーに住む女性は、近所にコミュニティーガーデンをこしらえた。スペースはあまりないが花を植えて、ベンチを置いた。それを「フレンドリーベンチ」と呼んで、地域の人が誰でも立ち寄って話ができる場所に育てた。気軽に話ができる場をまず用意するのは、孤独脱出のポイントかもしれない。

1・4　オープン・マイク

金曜の夜の図書館で

図書館で「オープン・マイク」が開かれるという。館内のポスターでは、午後7時半に開始するとある。「オープン・マイク」って何だろう。さっそく足を運んだ。

司会者はフィオナと名乗る中年女性だ。ボランティアで「オープン・マイク」の司会を以前から買って出ているそうだ。「オープン・マイク」は、2か月に一度、第一金曜の夜に開かれるそうで、パフォーマー（演技者）は2ポンド（約280円）、サポーター（支援者）は3・5ポンド（約490円）を支払って、コーヒー、紅茶などの飲み物を受け取る。

図書館のホールに椅子と机が並べられ、パフォーマーは前に出て何かを行う。フィオナさんの紹介で、まず30代ほどの女性が登場。オペラ歌手を目指していると自己紹介しただけあって、黒色のスリットの入ったドレスもヘアもメイクも本格的だ。マイクを握って一曲歌い、盛んに拍手を浴びた。次はエチオピア出身の年配の男性だった。鮮やかなカラーの民族衣装を身にまとい歌い始めると、太く深い声が心地よく響いた。時々両手を上げて見上げる。歌の内容を知りたくなって、席に戻った彼に聞いてみた。すると歌はゴスペルで、神様をたたえていると説明した。イギリスには子どもの時に両親と移り住み、それ以来イギリス暮らし。

次はイギリス人夫婦がマイクの前に立った。夫は、サイモン&ガーファンクルの「明日に架ける橋」を大きな声で歌い出した。隣に立つ妻の口元にやさしくマイクを向けるのだが、彼女はほとんど声を出すことはなく、夫の声が響き続ける。今度は夫は妻の肩に手を置き、デュエットをアピールする。仲のよさが伝わってほほえましい。

母をしのぶ詩の朗読

そうか、「オープン・マイク」とは、イギリス版カラオケなのかと納得していたら、20歳前後の男性がマイクの前に立った。少し頬を赤くした彼はふと顔を上げると、自作の詩を読み始めた。それは、グレンフェル・タワーで亡くした母親をしのぶ詩だった。2017年にロンドン西部にある高層住宅グレンフェル・タワーで発生した大火事で、死者は70人を数えた。これは、イギリスでは第二次世界大戦後、最悪の死者数を出した火災だった。

火事で母を亡くした彼は、母をしのぶ詩をつづり、ここで読み上げたのだった。お母さんの作ってくれた料理がまた食べたいとか、自分を叱ったり励ましたりしてくれたことを一つ一つ思い出すなどと続け、最後には「お母さんのことを一生忘れない。今までありがとう」と結んだのだった。

彼が読み終わると、会場はしばらくシーンとした。私は胸がギュッと痛くなった。その後大きな拍手が沸き起こった。「ブラボー」の声も交じる。彼が席に戻る途中では、左右から「その詩、いいね」「あんたの詩、好きだよ」「私の母を思い出した」と声がかかった。彼は少し照れたように笑ったが、「次回もまた来てね」と言われて、コクンと頷《うなず》いた。

私は、彼はもう寂しくないだろうと思った。このように温かい拍手と応援の言葉をもらえば、やりようのない悲しみや怒りは収まっていくのではないか。乗り越えていく力を得たのではないか。彼はもう一人ぼっちではな

オープン・マイクの風景。パフォーマーは前で歌ったり自作の詩を読んだりする。どのパフォーマンスにも大きな拍手が送られていた。

いのだ。「オープン・マイク」で自作の詩を発表した青年を参加者全員が心からたたえた。多くの人の前で詩を読む勇気が、彼を孤独から救ったと思った。

1・5 ウォーキングサッカー

増える愛好者

イギリスでは「ウォーキング・フットボール」が急速にファンを増やしている。イギリスでは、サッカーとはいわないで、フットボールと呼ぶのだが、ちなみにサッカー（フットボール）はイギリスが発祥の地である。イギリスには、50歳以上の人たちによる「ウォーキング・フットボール」クラブが1000ほどもあり、その数は順調に増加している。子どもからお年寄りまで障害の有無など関係なく楽しめ、屋内外でプレイできる。

ウォーキング・フットボールは、2011年チェスターフィールドFC（フットボール・クラブ）コミユニティー・トラストが始めた。これがスカイ・スポーツニュースで取り上げられ、２０１４年に大手銀行のバークリーが、ウォーキング・フットボールを勧めるテレビCMを流し、２０１７年にドキュメンタリー番組が放送されると、いくつかのクラブがさっそくスタート、それ以来ブームが続いている。

一般のフットボールとの違いは、走ってはいけないことだ。もし走れば、敵にフリーキックを与える。スライドタックルもNG。けがを防ぐためでもあるし、体が不自由な選手が不利になるのを防ぐためでもある。このスポーツは心臓など体に負担がかからない。また参加することによって、アクティブなライフスタイルを続けることが可能である。

ウォーキング・フットボールでは、以前はゴールキーパーがいなかった。今では加えることもある。ボールはヒップの高さよりも上に蹴ってはいけないとする。インドアの場合は、フットサル用のコートを使う。アウトドアの場合は、本来のコートである。

日本に輸入される

日本にも、一般社団法人日本ウォーキングサッカー協会がある。一般的なサッカーと違い、歩くサッカーはスピードが遅いため、サッカーの技術（ボールを止める、蹴る）、動体視力、視野と身体運動の連動など、基礎的なトレーニングのすべてを身に付けることができる、と説明する。

協会が、ウォーキングサッカーの特徴を挙げている。

歩くという緩やかな動きのウォーキングサッカーは誰でも参加できて、老若男女、年齢や性別を問わずサッカーの未経験、初心者、経験者のスキル差も気にせず安心して気軽に試合への参加が可能です。子どもと手をつないで親子でサッカーをしたり、ボールの勢いなどを工夫するゲーム性は、子どもに自然に人にやさしい思いやりを持つことを教えます。また、高齢者は孫や子どもたちなど若い世代と一緒にプレイすることで気持ちがリフレッシュされて精神的安定を取り戻すことができます。(※一部、筆者が手を入れた)

ウォーキング・フットボールはイギリス発祥だが、日本がとっくに輸入してすでに楽しんでいる方が多くおられることが頼もしい。

他にも、イギリス発祥のスポーツはたくさんある。テニス、ラグビー、ゴルフ、フットサル、クリケットなどだ。そこにさらにウォーキング・フットボールが加わった。年齢の壁を超えて楽しめるスポーツの効用はいうまでもないだろう。人と人とがまず出会い、大工仕事でもスポーツでも、何らかの手段を用いて距離を縮めていくことが、孤独を寄せ付けない第一歩なのかもしれない。

＊　＊　＊

イギリスの孤独対策は、政府の施策を待つまでもなく、人々のアイディアですでに生まれているようだ。知恵を働かせ、仲間を募り、機会を生かして、孤独と闘うすべを見つけている。大工仕事、音楽、スポーツなど何でもよい。人と集うことだ。

それだけに、新型コロナウイルスの感染予防が、互いのソーシャルディスタンス（距離を取る）というのは、あまりに腹立たしい。孤独な人を大量にこしらえるのがこのウイルスのたくらみなのか。私たちは、感染予防のためにさらに孤独と闘わなければならなくなった。人との距離を保ちながらも、心の交流は密にとって孤独に陥らない知恵こそ育みたい。

第二章
孤独を救う一歩

孤独は年齢と無関係といわれているが、やはり高齢者は孤独に陥りやすいようだ。仕事を引退して日中の居場所を失い、気軽におしゃべりしていた同僚らは周囲から姿を消す。配偶者を失ったり、子どもたちは遠くに移ってそれぞれの生活に忙しかったりする。テレビとペットだけが友人という高齢者も珍しくない。

それだけに、イギリスのボランティア団体の中には、高齢者向けのものが目立つ。病院への送り迎え、家事の手伝いなど、体を助けるものがあるが、精神的なつながりを重視する活動も少なくない。それも、「かわいそうだから」「気の毒だから」といった上から目線ではなく、高齢者の知恵や経験を引き出して現在の生活に生かそうとしたり、高齢者のひそかに抱く夢を実現しようとしたりする。また、一方で、高齢者が工夫と努力で孤独から自力で抜け出す例も目立っている。

2・1　ageUKの誕生

戦後の厳しい暮らしから高齢者を守る

高齢者向けのチャリティー団体で特に名前が知られているのは、「Age Concern（エイジ・コンサーン）」と「Help the Aged（ヘルプ・ジ・エイジド）」だ。

Age Concernは、第二次世界大戦後の厳しい暮らしが社会的に弱い立場にある高齢者を直撃している様子への気付きから始まった。イギリスは戦争には勝ったものの、ナチス・ドイツから攻撃を受けて経済的に疲弊した。戦争中に出征や疎開で家族が散り散りになってしまったケースも多く、それにより高齢者は頼るべき身内を失い、日々の生活にも支障をきたすありさまだった。家族からの経済的身体的精神的な助けを失った高齢者にとって、その時の政府の福祉制度はほとんど役に立たなかったといわれている。

１９４０年、高齢者のための高齢者福祉協会が設立され、政府とボランティア団体とをつなぐ役目をするようになった。やがて協会は、全国高齢者福祉協会（ＮＯＰＷＣ）と名乗るようになって、地域ごとの活動をコーディネートする責任を負った。

　１９５０年以降は、ＮＯＰＷＣは地域の老人ホームで働く人たちを訓練するなどの各種サービスを提供した。１９７１年、ＮＯＰＷＣは「Age Concern」と名前を変えて、政府から独立。高齢者のためのマニフェストを立ち上げ、ロビー活動を始めた。１９８６年に、キングスカレッジ・ロンドンに、gerontology《ジェロントロジー》（老年学。発達心理学から派生した比較的新しい学問で、加齢に関わる諸問題を研究する）を開設した。

　一方、Help the Agedは１９６１年に設立された。高齢のホームレスの入浴サービスや病院から退院した高齢者のケア、機能維持のための訓練、一人暮らしの高齢者のための緊急警報電話の提供など、各種支援を行った。２０１０年４月に、Help the Aged と Age Concern は、ａｇｅ ＵＫ（本部ロンドン）として統合された。

　これにより、高齢者を対象にした慈善団体としては最大規模になった。収入の４分の１ほどは寄付から得ており、残りは主に約５２０に及ぶチャリティー・ショップ（寄付品を並べる店）の売り上げからだ。

　ａｇｅ ＵＫは、「すべての人の人生後半を助けることに貢献するよう努めたい」と高らかに謳う。「年を取るのはチャレンジングなことだ。もちろん年齢を重ねることは病気ではないが、つらいことも多い。ａｇｅＵＫは、国内外の高齢者に刺激とサポートを提供する。私たちは、人生後半に達したすべての人たちのために立ち上がり、彼らのために発言する。高齢者に友情、アドバイス、サポートをもたらしたい」と力強い。

ａｇｅＵＫは、スコットランドやウェールズにも支部を持つと同時に、世界40か国以上の高齢者にも援助の手を差し伸べる。特に発展途上国の高齢者を助けたいという理念のもと、具体例としてスリランカの79歳の男性のケースが紹介されている。彼は、ａｇｅＵＫの助けで白内障の手術を受け、視力を回復したという。

ビフレンディング・サービス

ａｇｅＵＫの孤独予防策で特に高く評価されているのが、「ビフレンディング・サービス」である。一言でいえば、高齢者の友だち作りだ。

これには二つのタイプがあって、一つは「テレフォン・ビフレンディング」だ。希望したシニアにボランティアが、都合のよい時間に電話をかける。ボランティアは、シニアと共通の趣味や関心を持つ人が選ばれ、彼（彼女）は毎週1回、30分ほど定期的に話し相手になる。

電話代などの費用はいっさいかからない。

30分が長すぎるというのであれば、むろんそれより短くてかまわない。毎週、決まった人から電話があり、熱心に耳を傾け、あいづちを打ってくれる。最新ニュースを届けてくれ、質問されたりしたりする。これはシニアの生活に大きな張りを与えるに違いない。ageUKは前もって高齢者の趣味や関心を聞き出して、話題を共有できるボランティアと結び付ける。話は間違いなく弾むという。

ボランティアも「実は楽しい」と打ち明ける。30代のビフレンダーの女性は、仕事を持ちながらボランティアを行う。週に一度の電話に負担感はまったくないという。そしていつしか、彼との電話を楽しみにするようになった。はるか年上の彼との会話からは学ぶことが多く、彼のためというよりは、いつの間にか自分のためになっている。「人生のさまざまな知恵や貴重な経験を惜しみなく話してくれるので、勉強になります。特に歴史を学んでいるような気持ちがします。昔のことは知らないことが多いので、話の一つ一つが新鮮です。電話タイムは、私の1週間のハイライトなんです」と笑顔を見せる。

サービスを希望するシニアは、地域のageUKに連絡して、趣味や関心を知らせる。スタッフはボランティア登録者から探して、マッチングする。経験豊かなスタッフの目は確かで、相手探しの精度は高い。でもどうしてもうまくいかないと訴えられた時は、担当者はもう少し続けてみるように促す。それでも馬が合わないとなれば、その時はまた考え直すという。

スタッフが最も気を使うのは、双方の安全だ。コンピューターが自動でシニアとボランティアをつなぐので、シニアには相手に住所や電話番号を教えないように伝える。つまり互いに個人の電話番号を教え合う必要はない。電話がかかれば、シニアは相手の名前と生年月日を尋ねる。ボランティアに犯罪歴がないことはageＵＫがチェック済みだ。通話は録音されているので、必要ならばスタッフは聞くことができる。

シニアの都合が悪くなり約束の時間に出られないとなると、スタッフが他の時間を調整する。電話をしてもシニアが受話器を取らないとボランティアが心配するので、不在はできる限り前もって知らせてほしいとスタッフは強調する。すべての人の安全に気を配りながら、シニアに定期的に電話がかかる。このシステムは、イギリスの「ベスト・イノベーション賞」など、いくつもの賞を受賞、高く評価されている。

一緒にお茶を飲んだり、カフェや病院に行ったり

もう一つのビフレンディング・サービスは、「フェイス・トゥ・フェイス」だ。文字通り、シニアとボランティアが顔を合わせる。これは、シニアが自宅に近いageUKの支部を探すことから始まる。日本の郵便番号に当たるポストコードをパソコンに打ち込むと、地区の支部を教えられ、そこが自宅に近いボランティアを紹介する。その後、週に一度シニアの家をボランティアが訪ね、お茶を飲みながら話をしたり、カフェや病院に一緒に行ったりする。

ローズさんはこのサービスを利用していて、サラさんが定期的に自宅を訪ねてくる。ローズさんは、夫を亡くしてから一人暮らし。子どもたちは遠方に住む。彼女は誰かとお茶を飲みながら話をしたいと思って、ビフレンディング・サービスに登録をした。「これは、私がこれまで決めたことの中で、最高の決定でした」とローズさんは笑う。サラさんは、「とてもやりがいがあります。2人でよく笑いますよ。ボランティアは始める前は緊張したけれど、やってみればすごく簡単です」。

＊

また92歳のレンさんは地域のageUKに連絡を取り、ビフレンディング・サービスにつ

いて尋ねた。これが始まりだった。現在は、ボランティアのアイバーさんが定期的に訪ねてくる。2人の間には友情が生まれ、1時間ほど話をするが、話題は次々と途切れることなく続き、今では互いにとって欠かせないひとときになっている。

アイバーさんは「両親を亡くした後に、高齢者に何かできたらと願っていた」そうで、ボランティアに登録した。「レンさんとの話は刺激的です。毎回、学ぶことが本当に多いです。彼はたくさんのことに関心を持ち、それぞれについて深い考えを示してくれるので、いつも教えられます」。レンさんは「テーマに政治をよく取り上げるね。思わず力が入りますよ」と話した。

＊

また、92歳のジョゼフさんが妻を亡くした後に、地域のage UKのコーディネーターから「お困りのことはありませんか」と連絡が入った。「支援は何も必要ありません」と断ったが、繰り返し声をかけてくる。ビフレンディング・サービスを試してみるように辛抱強く勧められ、ついにボランティアの訪問を受け入れるようになった。

驚いたことに、ボランティアとの息はぴったりと合って、今では一緒に遠出するまでになった。ボランティアが近くのクラブを紹介すると、そこで新しい友人を得たばかりか、ガーデニングを勧められて、昔熱中していた庭作りを再開した。園芸用品を購入するためにボランティアと一緒にガーデニングセンターに足を向けたり、フラワーショーなども楽しんだりするようになった。ジョゼフさんの世界は瞬く間に広がった。彼はプライドが高く、孤独であることを認めたくなかったのだ。今では「ａｇｅ ＵＫが私の説得をあきらめないでくれて、本当によかった」と笑顔を見せる。

＊

ダードレさんは、定年後友人とランチをしたり、夫と旅行したり、孫と遊んだりという余裕ある生活を送っていた。しかし、ある日、もっと別のことがしたいと願うようになった。ボランティアの仕事をいくつかネットで探した結果、ビフレンディング・サービスが人間が大好きな自分に合っている、と確信した。

支部を訪ね、いろいろと話し、自分がいかにこの役割にぴったりの人間かを強調した。次に、一日かけてのトレーニングコースに参加して、さまざまなことを学んだ。彼女は、まもなく同じ町の80代の一人暮らしの女性マーテルさんを紹介された。初めての日には、スタッフが彼女の家まで連れて行ってくれた。自己紹介すると、居間のソファに座って話をした。共通する点も多く、２人の相性はぴったりだった。

ただ、マーテルさんには認知症の初期症状があり、記憶が不確かなところがある。それをａｇｅＵＫから聞いた時は不安に思った。それで、認知症についてネットで検索した。認知症のことは少しは知識があったものの、読み込むうちにたくさんのことを知り、その後マーテルさんと会う時の助けになった。認知症の知識があるとないとでは、接し方がまったく違ってくると思ったという。

マーテルさんの家を訪問するようになって半年が過ぎた。彼女は抜群のユーモアの持ち主だとわかってきた。話す時は、忍耐強く、よき聞き手に徹することを心に留めている。マーテルさんはしばしば同じ言葉を繰り返すけれど、ダードレさんは、いつも初めて聞いたかのように少し驚いた表情をして、笑顔で返事をする。「そのようなことは、会う楽しみに比べれば、たいしたことではありません」とダードレさん。

ある日、訪ねてみるとマーテルさんは暑い夏の日だというのに、セーターを重ね着して、まるで真冬の格好だった。それでダードレさんは、着替えを手伝うことにした。クローゼットを一緒に整理していると、すてきなシルクのショールが見つかった。するとマーテルさんは、夫とかつて旅行したインドのことを話し始めた。インドの強烈な日差しを避けるためのショールは、夫が選んでくれたものだった。タージマハールの輝くばかりの美しさを２人で飽きずに眺めたことも思い出した。この場合はショールだったけれど、このようなちょっとしたものがその人にとっては宝物であったりするのだ。ダードレさんはその人にとって、記憶や思い出がいかに大切かを今さらのように知った。

2人はお茶を飲んだり、音楽を聴いたり、アルバムを見たり、ガーデニングセンターに行ったり、散歩したりする。マーテルさんを美容院に連れて行ったこともあった。予定の1時間を超えることも多かったけれど、大切なのは2人にとって楽しい時間であることだとダードレさんは強調する。マーテルさんの家族と会った時は、深く感謝された。マーテルさんからは「もっと頻繁に来てほしい」とも言われたが、今のところは週に一度のペースを続けている。

ageUKはまた、無料の全国電話サービスも行っている。シニア、その家族、友人、介護者などの他、高齢者問題の研究者や専門家などが自由に利用できる。電話は一年中一日も休みなく、午前8時から午後7時まで受け付ける。「寂しい時、支援が必要な時、遠慮なく電話をかけて」と呼びかけている。

サマリタンズ――無料の電話サービス

電話サービスといえば、イギリスにはまた別に電話で高齢者とつながる無料サービスがある。これは、ソフィー・アンドリュースさんというイギリス人女性が始めたものだ。かつて彼女は、父親などから受けた性的虐待が原因の自傷行為に苦しんでいた。14歳だった時に、自殺しようと家出して公園などで野宿を続けたが行き詰まり、電話ボックスから泣きじゃくりながら「サマリタンズ」に電話をした。サマリタンズとは、イギリスの慈善団体の一つだ。

イギリスで牧師などによってサマリタンズが設立されたのが１９５３年だった。主に自殺を考えている人の救済を目的にしている。匿名ヘルプラインは一年３６５日休みがなく、一日24時間対応する。１９９４年にはＥメール・サービスも始めた。

話を戻すと、このサマリタンズにアンドリュースさんは電話をかけ、対応した女性と話すことで自殺を思いとどまった。話の内容は決して漏らさないと約束してくれ、救いを求める彼女に動揺を見せず偏見を持たず、熱心に耳を傾けた。そして適切な助けを求めるようにやさしく促した。彼女のような状況に置かれた人を支援する団体を具体的に教えてくれた。

その後アンドリュースさんは遅れていた勉学に励み、仕事につき、生活を立て直した。21

歳の時にサマリタンズに加わり、ボランティアとして電話を取るようになった。「私の命を救ってくれた恩返しをしたかったのです」と話す。長くサマリタンズで献身的な活動を行うと、推薦されて統括責任者を務めるようになった。

しばらくすると、彼女は電話をかけてくる人に高齢者が多いことに気が付く。彼らの絶望的な寂しさを知るにつれ、高齢者に特化した電話サービスの必要性を痛感した。そして2013年に、「シルバーライン」をスタートさせたのだった。「話をじっくりと聞いてくれる人がいるだけで、孤独感はずいぶんとやわらぎます。ただ耳を傾ける。適切なあいづちを打つ。たいていはそれが一番の手助けです」とアンドリュースさんは強調したのだった。

チャリティーを支える三本の柱

age UKは絶えずボランティアを募集している。ボランティアこそ、チャリティーを支える重要な柱であるのだ。ボランティアの仕事には三種ある。

①ショップで働く

まず、ショップの仕事だ。店でお客さんに対応し、倉庫内の在庫を確認して、ウィンドウのディスプレイをアレンジする。

これが主な仕事ではあるけれど、ただそれだけではない。大切なのは、地域の高齢者が店に来た時積極的に声をかけることだ。高齢者は店員とのおしゃべりが、今日一日の最初で最後の会話かもしれない。自分の家では一人ぼっちであることも多いだろう。だからこそ店内での話は、高齢者を幸せにするものであるべきなのだ。そこで、ボランティアの店員は、お客さんとは気が利いていて前向きな、楽しい気持ちになって帰ってもらえるような会話ができなければいけない。これが実はショップでの最も大切な仕事なのだ。

ボランティア自身も、友人ができる、新しいスキルが身に付く、コミュニティーのための大切な仕事ができる、素晴らしいチームの一員となれる、いくらかの報酬がある、などと効用が謳われている。ショップのボランティアをしているキャシィさんは、「それはすべて当たっていますよ」と笑う。店で働くことで、自分自身が社会と直接に関われるし、誰かのためになっているという充実感が持てる。多くの人がショップにやって来るが、皆さんは家では持てないヒューマン・コンタクトがほしいのだと実感する。同じ人が繰り返し来てくれるのも、うれしい。「私もここに来れば居場所があると感じられて、寂しくありません。皆さんは、人と話したい、笑い合いたい、気持ちの触れ合いがほしいと、ここに足を運ぶけれど、実は私もまったく同じなんです」と強調した。

②地域のage UKをサポートする

地域にあるage UKをサポートするボランティアも重要だ。現在、約2万5000人のボランティアが140の支部で毎日高齢者の生活を少しでも明るくしようと動いている。これには、たくさんの方法がある。

体が不自由な高齢者のために食事を運ぶ。ビフレンダーになる。高齢者のためのフィットネスグループのリーダーになる。高齢者が楽しみにしている地域のイベントや、病院に送迎する。集会所でランチを料理する。家族を亡くした高齢者がまた元気を取り戻すように寄り添う……など無数にある。

また、高齢者と若い人たちがともに過ごすプログラムが用意されているので、手伝う。世代を超えた付き合いは、高齢者だけではなく、若い人たちにとってもプラスになる点が多い。高齢者が小学校を訪問して子どもたちに本を読むとか、ともに音楽や工作を楽しむ。

現在は、多くの高齢者が助けたり支えたりしてくれる人を持たない。困った時に助けてくれる人がなく、寂しい時に話す人がいない。ボランティアになれば、高齢者の生活に何か違いをもたらせる。クリスマスに小さな手作りのギフトを渡したり、世代をつなぐイベントに高齢者を送迎したりするなどの行動が、大変に喜ばれる。

③キャンペーン活動

最後に、ａｇｅ ＵＫのキャンペーン事業を担うボランティア活動がある。高齢者にもっと公平な社会であるべきだと訴えることだ。たとえば、高齢者のテレビ受信料を無料にすべきとのキャンペーンを行う。ＢＢＣに集めた署名を持参して、アピールする。それをメディアにも取り上げてもらう。また、病院に行く〝足〟をもっと使いやすくしてほしいとも訴える。長期にわたる定期的な通院は、予想以上に出費がかさむのだ。高齢者はとかく訴えたいことを胸に抱えていても、なかなか声に出せない。それで、彼らに代わって絶え間なくキャンペーンを張る。

手段は、署名を集める、首相に嘆願の手紙を書く、地域の議員に手紙を送るなどだ。あるいは、新聞の投書欄に意見を発表する。どのような手段でもかまわないので、ボランティアは継続的で具体的な行動を取る。

2・2　高齢者の夢をかなえる

ユニークなアイディア

高齢者のためのチャリティー団体には、ユニークな活動を行うものがある。慈善団体「Alive Activities（アライブ・アクティビティーズ）」（本部ブリストル、2009年設立）は、「老人ホームに暮らす高齢者が外部の社会と密接につながり、個人として価値ある存在であることを認識してもらう。ダイナミックな行動を促し、創造性を養ってもらう」がモットーだ。高齢者には楽しくて、機会に恵まれた意味ある毎日を過ごしてほしいという。つまり、高齢者にとって現在の暮らしをもっと幸せにするのが目的だ。

とにかくアイディアがユニークだ。たとえば、地区で行われる文化、スポーツなどのクラブや同好会などに、可能な限り老人ホームの高齢者に参加してもらう。子どもたちが帽子をこしらえ、老人ホームを訪問して高齢者にプレゼントする企画も人気があった。また、ゆるやかな坂に厚手のビニールを敷いて、その上に大きくて厚手のクッションを重ね、高齢者を乗せて坂くだりをしてもらう。

あまりに大胆な企画に、「高齢者がけがをするのではないか」「怖くて尻込みするのではないか」と心配する声も少なからず上がった。しかし、やってみると高齢者に大変な人気だった。坂くだりを一度で止めてしまう人はめったになく、二度三度とすべりたがった。事前にボランティアのスタッフが何度も実際に坂をすべり下りて、「これなら絶対に大丈夫」というところまで改良を重ねた努力が実った。「あんな、高齢者のはじけるような笑顔は見たことがない。頑張ったかいがあった。すべて報われました」と話したという。

また、古い台所道具や家具などを地域の家庭から借りてきて図書館に並べ、高齢者の記憶をよみがえらせ、同世代の人たちと思い出を分かち合う企画も人気だった。懐かしさのあまり高齢者の目はきらきらと輝き、話に花が咲く。それは自分の生きた時代を肯定することなのだ。つまりは自分の人生の肯定に通じるという。

おまわりさんごっこ

圧巻なのは慈善団体「アライブ・アクティビティーズ」の「Wishing Washing Line（ウィッシング・ウォッシング・ライン）」というプロジェクトだ。イギリス西部、ブリストルの町で実施された。ある日、地元のスーパーマーケットに一つの箱が設置された。この箱には、高齢者なら誰でも願い事を書いて投函できる。締切日を過ぎると、箱から出された願い事リストが、店内の洗濯物干し用ロープにズラリと吊るされるのだ。けっこう壮観ではないか。これだけでもかなりユニークだが、リストを見た買い物客らが、願い事をかなえてあげようと協力するというのだ。

プロジェクトは最初、イギリスのエセックスで行われたが、「高齢者の願いをかなえた」と評判になり、このたびはブリストルに場を移して実施された。今回、多くの願い事の中から取り上げられたのは、104歳のアン・ブロークンブロウさんの「逮捕されてみたい」という希望だった。

彼女はブリストルの老人ホーム、ストークリーレジデンシャルホームに長く暮らしている。願い事に目を留めた地元警察が立ち上がり、彼女の逮捕に向かった。数人の警官はアンさんに向かい合うと、「あなたを逮捕します。あなたは104年間、善良な市民でした。それが、容疑です」と話しかけた。認知症を患っていたアンさんだが、この時ばかりははっきりと「わかりました」と返事をしたという。すると警官は彼女に手錠をかけ、パトカーへ連行した。

たちまちパトカーは赤いランプを点滅させサイレンを音高く鳴らした。アンさんを乗せると、周囲を軽くドライブしたという。アンさんは104歳の初体験に興奮気味で、「とてもすてきだったわ。ちゃんと手錠もかけられたのよ。私はこれまで犯罪などに手を染めたことはなかったけれど、今日は犯罪者の気持ちをたっぷりと味わいました。警察官たちはとても親切でしたけれど、それでも逮捕は逮捕という厳しさを持って私に向かい合ったわ。それが最高でした。これまでまじめな人生を送ってきたけれど、今日はまったく違う一日で、なんてエキサイティングだったでしょう」と話している。

気持ちのつながりを大切に

プロジェクトの発案者は、「アライブ・アクティビティーズ」の最高責任者サイモン・バーンステインさんだ。彼は25年以上、いくつかの慈善団体で働いてきた。

この団体に入ったのは、2016年だ。彼は話す。「老人ホームなど施設で暮らすお年寄りたちは、一見恵まれていて幸せそうです。しかし実際は、退屈で孤独な毎日を送っていることが多いのです。ホームの職員らは多忙のために気持ちはあっても、残念ながら高齢者一人一人の希望に合わせて活動をする時間を持てないことが多い。そこで私たちは、高齢者の願いをかなえるために立ち上がりました。願い事は、パブで一杯やりたいとか、編み物をしたいとか、その人の心からの希望ならば、何でもよいのです。中には、アメリカの歌手、故エルヴィス・プレスリーに会って握手したいとか、故マリリン・モンローとハグしたいという実現不可能な願いもあって、すべてをかなえることはもちろん無理です。

でも、できるだけかなえるように努めています。その際は、地元住民の方々の協力が欠かせません。これまでいずれの時も近隣の皆さんにたくさん手助けをしていただいているので、感謝しています。今回は、地元のスーパーマーケットや警察の皆さんに多大な協力をいただきました。私たちは、高齢者にこそ刺激に満ち創造性豊かな意味のある毎日を送ってもらいたい。コミュニティーがほんの少し協力しただけで、それは可能になることがほとんどです」。

ニュースを知った人たちからの反響は予想以上だった。「子どものころに〝おまわりさんごっこ〟とか、〝泥棒ごっこ〟をしたことを思い出した。あれはとても楽しかったから、高齢になって、ぜひもう一度やってみたいと願う気持ちはよくわかる」「104歳の初逮捕って、なんてユニークな発想でしょう。ユーモアがあって、温かい気持ちになりました」「夢を上手にかなえてあげた警察官など皆さんのやさしさが伝わってきて、こちらも幸せな気持ちになります」などがあった。いくつになっても、夢を持つこと。それをかなえてあげたいと願う人がいること。そんな気持ちのつながりが、人を孤独から救うのかもしれない。

「私には話し相手が誰もいないのです」

ロンドンに住むトニー・ウィリアムズさんは88歳。数か月前に愛妻ジョーさんをがんで亡くした。トニーさんは物理学者として長く大学で教えたが、ずっと前に引退した。子どもはいないが、兄弟はいる。しかし皆遠くに住んでいて、それぞれの生活がある。トニーさんには、耐え難い寂しさが襲ってきた。

トニーさんは、孤独から抜け出さなくてはいけないと考えた。まずは、自宅の道路に向いた窓に一枚の大きなポスターを貼り出した。そこには、こう記した。

「私は、先日愛する妻でありソウルメイトだったジョーを失いました。私には家族も友人もいません。話す相手が誰もいないのです。私にとって、一日24時間家が静まり返っている状況は、まるで拷問のようで苦痛です。どなたか助けてくださいませんか」

さらに地元の新聞に同様の広告を出した。

それから数日がたった。反響は予想以上で、すっかり圧倒されてしまった。電話が鳴りやまず、食事をとる時間もないほどだった。夜も遅くまで話し込んだ。最初に電話をくれたのは、著名なテレビのパーソナリティーの女性だった。「彼女は私の話をよく聞いてくれました。思わず話し込み、20分があっという間でした。彼女は、また必ず電話を入れると約束してくれましたよ」。久しぶりに話をして楽しかったという。

電話とメールはその後も続いた。電話はおよそ１００本に対応して、散歩に出た。帰ると30本ほどの留守番電話が入っていた。Ｅメールの数は１０００を超えていて、アメリカ、カナダ、オーストラリア、スイスなどからも来た。多くの人が、トニーさんの孤独な状況がよく理解できるという。自分もまた配偶者などの愛する家族を失った経験があるが、その悲しみ、寂しさはたとえようもないと共感してくれた。

アメリカの女性は、住んでいるフロリダから電話をしてきた。そしてぜひアメリカに遊びにいらっしゃいと誘った。フロリダの空港まで迎えに行くので、我が家に好きなだけ泊まってほしいと具体的だ。アメリカを私の運転でご案内しましょう、という親切なお誘いだった。

その中でトニーさんが最も心を動かされたのは、コミュニティー内の小学校の先生からのメールだった。小学校は近所にあったので、トニーさんも承知していた。しかし、先生とのやり取りは初めてだった。先生は、クラスの子どもたちにトニーさん宛ての手紙を書かせたいと提案した。トニーさんは、大喜びで承諾した。そして、子どもたちの手紙を受け取った後は、ぜひ小学校を訪問したいと申し出たのだった。先生は快諾して、子どもたちの手紙を近くまとめて送りたいと言ってきた。トニーさんは手紙が届くのをワクワクして待っている。学校を訪問した際には、子どもたちに何の話をしようか、それを考えると自然に笑顔になる。

大事な一歩

トニーさんは、孤独から自分を救い出すために自宅の窓にポスターを貼り新聞広告を出した。「孤独な人間がここにいる」と広く知らせたかったのだ。これは、同じように孤独で苦しむ人への励ましでもある。勇気を出して声を出せば、必ず誰かが応えてくれる。まず第一歩を踏み出すことがすべてなのだ、と教えている。

＊　＊　＊

私は、「おまわりさんごっこ」の話がとても好きである。

高齢者に対しては、私たちはとかく「助けてあげる」といった姿勢を取りがちだ。しかしそれは高齢者の夢をかなえることとは、発想が根本から違うようだ。私たちは、高齢者が実は心の中にかなえたい夢を抱いているとはあまり想像していない。健康で安全に日々暮らしていけば十分と思い込みがちだ。

むろんそれも大切な基本だが、高齢者もあまり口には出さないけれど、各々がそれぞれ夢を実現させたいと願っていると知るべきなのだろう。お手伝いをするためにコミュニティーが一致協力する。ここでは費用などはさしたる問題ではない。お金はかけないで知恵と時間を出し合い、協力することでお年寄りを幸せにする。これは、学ぶところが多いように感じられた。

さらに、自宅の窓に「寂しい。誰か助けて」のポスターを貼り出したトニーさんもまた、コミュニティーの人から手を差し伸べられた。トニーさんは喜んでその手をしっかりつかんでいる。遠いアメリカへの招待もうれしいけれど、近くの小学生との交流を選んだ。

高齢者の孤独を救うポイントは、身近なコミュニティーにあることを改めて思い知ったのだった。

第三章

英王室の役割

イギリス王室は、チャリティー支援活動を率先して行っている。イギリスにはチャリティー団体が無数にあり、それぞれ高齢者、障害者、難病患者、ホームレスなど、あらゆる社会的弱者に寄り添う。ロイヤルは、それら団体のパトロンを務める。

これはヨーロッパ大陸のオランダ、スペイン、デンマークなどの王室も同じで、ロイヤルにとって慈善団体を応援する仕事は極めて重要である。団体に足しげく通ってスタッフと親しく交わり会議などに出席、基金集めに貢献、記念イベントでスピーチをするなど内容も多彩だ。チャリティー団体にとって、ロイヤルをパトロンに迎えることは、価値と信頼度を飛躍的に高めるので、名誉なことである。

ロイヤルが支援団体を選ぶ基準はそれぞれだ。個人的に関心の高い分野に決めたり、高齢のロイヤルから引き継いだりする他、慈善団体が特定のロイヤルに就任を依頼したりもする。ロイヤルがパトロンに就任後、団体との関わり方の濃淡にロイヤルの人となりがにじみ出る。決してお飾りの名誉職ではないとロイヤルがこぞって熱心に慈善団体のサポートに取り組む姿勢は、国民を啓発し弱者に向けるまなざしに多大な影響を及ぼす。

ここでは、「孤独」とは少しばかり距離を取って、王室がいかに慈善団体を通じて国民に手を差し伸べるかを紹介する。それは、結果的に、孤独から人々を救い出すことに通じているのかもしれない。

3・1　女王の仕事

国賓らのもてなし

エリザベス2世女王（以下、女王）の仕事の幅は広い。まずは、外国から訪れた国王、首相、大統領夫妻などをもてなす。たとえば、2019年6月初旬、2泊3日の日程で訪英した国賓トランプ大統領（当時）とメラニア夫人の場合は、バッキンガム宮殿の中庭での歓迎式典から始まった。エジンバラ公フィリップ殿下が高齢を理由に2017年に引退したので、女王は単独で臨んだ（殿下は2021年4月9日に逝去。享年99）。

ただ、整列した近衛兵を閲兵したのは、女王に代わってチャールズ皇太子だった。だが、その夜に催されたバッキンガム宮殿での晩餐《ばんさん》会の主催者はあくまで女王で、堂々たるスピーチを披露している。

このような国賓を迎えての晩餐会はバッキンガム宮殿やロンドン郊外のウィンザー城で年に1、2回開かれる。女王が国賓を晩餐会に迎えるのは、トランプ大統領で113回に達する。在位69年（2021年5月現在）の英王室最長の在位期間を考えればもっともな数かもしれない。ちなみに、女王在位中に就任したアメリカ大統領は、バイデン現大統領を含めて14人を数える。そのうち女王に謁見したのは、ケネディ、クリントン、オバマ、トランプなど13人で、リンドン・ジョンソンのみ公式訪問がなかった。

女王は、2015年より公式外遊は行っていない。外国訪問は、チャールズ皇太子やウィリアム王子、ヘンリー王子らが代行している。それぞれカミラ夫人、キャサリン妃、メーガン妃を伴うことも多い（ただ、ヘンリー王子とメーガン妃は2020年3月末に王室離脱のため、それ以降の外遊はない）。

国内では、6月第二土曜日とほぼ決まっている女王の公式誕生日のイベントに参加する。他に、主な社交行事としてチェルシーフラワーショー、アスコット競馬、ウィンブルドンテニス選手権などがあるが、前の二つには決まって足を運ぶ。これらはイギリスの天候が安定して良好であることが期待できる5月、6月に集中している。

さらにバッキンガム宮殿の中庭では、年に3回ほどガーデンパーティーが開かれる。女王は毎年7月下旬から9月にかけてロンドンを離れスコットランドに滞在するが、エジンバラのホリールード宮殿で1回、友人、知人らを招いて、ガーデンパーティーを開く。合計4回のパーティーに約2万7000人がゲストとして招かれ、約3万杯の紅茶と約2万人分のサンドイッチとケーキが振る舞われる。なお、2021年はコロナ禍のために、すべてのガーデンパーティーは中止になった。

その他に、女王は学校、病院、博物館、美術館、企業などの除幕式や開所式、記念行事に出かけるが、それはロンドンばかりでない。地方都市であってもまめに足を延ばす。

誰よりも政治に詳しく、世界情勢に精通する

また、首相が毎週、謁見に宮殿を訪れ、政治情勢や議会運営などの説明を行う。女王は政治的中立を保ち、意見の違いがあっても首相の助言に従う必要があるとされる。また女王と首相の話した内容は、外に漏らさない決まりもある。

政治について女王が誰よりも詳しく、世界情勢について知り尽くしているといわれるのは、

首相との長年の会談の積み重ねによるものかもしれない。女王が君主となってからの首相を振り返ると、まずチャーチルが戴冠式の時の首相だった。そして、サッチャー、ブレア、キャメロン、メイ、現在のジョンソン首相と続く。ジョンソン首相は女王在位期間中では14人目の首相となる。これだけ途切れることなく毎週、政治関連の話をじかに聞いてきたのだ。蓄積は膨大といえるだろう。

女王は、このところ公務を減らしてきた。2016年は332件であったのが、2018年は283件となった。確かに50件近く減っている。それでも283件とは年齢を考慮すればば驚異的な仕事ぶりだ。2020年はコロナ禍のため、激減した。

コロナ禍で国民に与えた勇気

女王ばかりではなく、成人ロイヤルそれぞれが総数3000を超す慈善団体のパトロンを分担する。パトロンと聞くと、日本では、主に男性から女性への経済的援助と交換に性的な見返りを要求する〝パパ活〟のようなイメージを持つことがあるかもしれない。しかしイギリスで「パトロン」といえば、チャリティー団体への支援を意味することがほとんどで、その場合は悪いイメージはない。

まず女王だが、600を超えるチャリティー団体のパトロンを務める。アンケート調査によるロイヤルの人気ランキングでは、女王はいつもウィリアム王子やキャサリン妃などよりも上で、第1位を誇る。名君としての地位は揺るぎない。それだけに、女王「後」を心配する声も高い。

ここに降って湧いたのが、新型コロナウイルスだ。

高齢の女王は、2020年3月感染者数が際立つロンドンを離れた。ロンドン中心部に位置するバッキンガム宮殿を後にして、郊外のウィンザー城に移った。フィリップ殿下は引退後、主にサンドリンガム宮殿で生活していたが、女王に合流して、ご夫妻がウィンザー城で隔離生活に入った。ともに90代なので、もっともな対応といわれた。2人の世話をするスタッフも精鋭20人ほどに絞り、執事、秘書、料理係などとともに暮らした。スタッフは休暇を取って家族に会うことも控え、文字通り細心の注意を払った。「女王が新型コロナに感染した姿など、想像しただけでぞっとする」「それだけは絶対に避ける」との強い使命感を持った人たちに守られた。

しかし、そのまま国民から遠ざかってしまう女王ではなかった。4月には、ウィンザー城から国民を慰め鼓舞する演説を行った。

撮影は、PCR検査と2週間の隔離を済ませたカメラマンと女王だけで大部屋で行われた。女王はメイクも自分で行った。「家族とも、友人ともまた会えます。また私たちは会うのです」と結んだ時は、国民から感動の言葉があふれた。「圧倒的な存在感」「94歳の女王の励ましに、頑張らねばと思った」「国民を一つにまとめる力をお持ちだ」などの声が続いた。この後、女王の「また会うのです」を国民は何度も互いに言い合った。恐怖と不安に押しつぶされそうな時に、女王のスピーチは希望を与えた。

女王の特別スピーチは、第二次世界大戦時に親と離れて疎開を余儀なくされた子どもたちに勇気を与える14歳の時に始まって、ダイアナ妃の突然の死を悼むものなど数は多くない。派手なパフォーマンスもなく、淡々と語りかけるだけなのだが、誠実な姿勢に多くの人が胸を打たれる。

また、2020年6月には、初のZoomでの公務を行った。家族や友人を無償で介護する約700万人を支援する「ケアラーズ・ウィーク」(6月8日〜14日)にちなんで、女王が介護者と話をした。チャリティー団体のパトロンであるアン王女も加わり、4人の女性たちの話に耳を傾け、質問をして理解を深め、ねぎらって感謝の言葉で結ぶ。さらに二度目のオンライン会議では、女王は世界各地の軍人らと交流した。女王は、画面の向こうの参加者の話を一言も聞き逃すまいと耳を澄ます。そしていつものように、このひとときを持てて「喜ばしい」と笑顔を見せた。

女王の、顔を見せ、話を聞き、感謝して励ます姿勢は在位69年となっても、変わらない。危機の時こそ、国民のそばにいたい、心を寄せたい、という気持ちがあふれ出る。

また、いつまでも室内にこもる女王ではなかった。7月、緩和が一部進んだころ、女王は退役軍人トム・ムーアさんにナイトの爵位を授与した。これで、彼は今後「サー」の称号の使用が認められる。100歳のムーアさんは、医療従事者のために約44億円の寄付を集め話題になった。国民から敬愛されるムーアさんへの爵位授与の式典を自主隔離後初の女王の対面公務に位置付けるとは、女王の判断はいつも的確だ、と称賛された（ムーアさんは2021年2月、新型コロナウイルスに感染して亡くなった）。

同時にこの日に、孫娘ベアトリス王女の結婚式が行われた。女王が結婚式の時に着用したティアラを王女に貸与している。父アンドルー王子のスキャンダルとコロナ禍による結婚式の二度の延期で落ち込んだ王女の気持ちを一気に明るくした。

3・2　チャールズ皇太子の公務

皇太子として歴代最長の在任記録

チャールズ皇太子は3歳で王位継承順位1位が決定した。２０２０年11月に72歳になった皇太子は、皇太子としては歴代最長の在任記録を持つ。

「待つ」ことが彼の人生のほとんどを占めてきた。節目を迎えたのは、２０１７年11月に行われた戦没者追悼記念式典リメンバランス・サンデーだった。女王から初めて慰霊碑に献花する大役を譲られたのだ。今まで女王はこの日、ロンドンのホワイトホールに建立された慰霊碑に花輪をささげ、その後は後ろ向きにいくつかの階段を降りていた。ローヒールとはいえ、高齢者に容易ではない。女王は一度も失敗したことがないが、91歳になって初めて長男に任せたのだった。

女王は、皇太子が慰霊碑に献花する様子を外務・英連邦省のバルコニーから見つめていたが、手袋でふと目頭を押さえる場面が目撃された。この判断は、女王が〝次期国王〟に重要な公式任務を任せ始めたことを意味する。過去に女王が外遊や妊娠・出産のために欠席することはあっても、出席しながら献花をしなかったことは一度もなかった。

コモンウェルスの首長として

女王は、父ジョージ6世の死去を受けて即位した1952年以来、コモンウェルス（Commonwealth　英連邦・主に大英帝国時代に植民地だった国々が独立後も、宗主国イギリスとゆるやかな絆を保つ同盟）の首長を務めてきた。それが、2018年4月に、首長の地位を皇太子に譲る考えを示し、加盟国の首脳らは承認した。女王は、「英連邦54か国の次期首長への継承が順調に進んでいることを頼もしく思います」と喜んだ。

また、今回は新たに若者を支援する慈善団体「クィーンズ・コモンウェルス・トラスト（The Queen's Commonwealth Trust）」を援助するためのコンサートを開催した。団体の理事長にヘンリー王子、副理事長にメーガン妃が任命されている（離脱後解任）。

女王の姿が公の場から次第に消えるのは寂しいという声を聞くが、その代わり皇太子やウィリアム王子らが受け継ぐ姿勢を見せているのは心強い。王室の継承は、空白の時間を作ることなく、自然にしかも着実に実施していかなくてはいけない。

有機栽培の促進に力を入れる

皇太子は、いくつかのチャリティー団体を運営してきた。14の慈善団体（そのうちの13は本人が創立）の代表を務め、400以上もの団体のパトロンを引き受けてきた。2018年の公務数は507件に達している。皇太子が力を入れているものの一つに有機栽培の促進がある。イギリス南部のコーンウォール領の広大な私有地で育てた原料を用いて、オーガニックの食品メーカーを経営する。

これは、Duchy Originals（ダッチィ・オリジナルズ）という名前で1990年に設立された。イギリスの高級オーガニック食品会社のパイオニアである。ビスケットやジャムなどの有機食品は、高級スーパーマーケット、ウェイトローズなどで販売されている。

クッキーの味はさっぱりしていて、食感は軽く、紅茶などと一緒にいただくといっそう引き立つ。クッキー一枚一枚にしっかりと「Prince of Wales（プリンス・オブ・ウェールズ）」の紋章が焼き付けてあるのも、有難みが増す。約200種もの商品がそろい、ロンドンのヒースロー空港でも格好のお土産品として旅行客向けに並んでいる。これらの売り上げの一部は、皇太子がサポートする慈善団体に寄付される。

皇太子は、２０１９年10月の天皇陛下の即位関連の儀式に出席した。世界の王室の中でも、皇室の招待に応じて真っ先に出席の返事をくれたのが皇太子だった。皇室と英王室の交流の長さと深さが伝わる。

10月22日の即位礼正殿の儀を終えた翌日、皇太子は東京のデパート、日本橋三越に足を運んだ。ここには、皇太子が設立したブランド「ハイグローヴ」が店を出しているのだ。陳列してあるビスケットやジャムなどを指さしながら、皇太子が店員に「どの商品がよく売れますか」とストレートな質問をすると、周囲から思わず笑い声が上がった。

チャリティー活動の課題

皇太子のチャリティー事業といえば、１９７６年に創立した「The Prince's Trust（プリンスズ・トラスト）」の評価が高い。すでに40万人以上の経済的に恵まれない青年たちに教育や職業訓練を施し、起業などのチャンスを与えた。

しかし最近、皇太子はパトロンを務めるチャリティーを手放し始めているといわれる。これは戴冠の日が近づいているからで、国王の仕事に専念するようになれば、これまでのようにはチャリティー活動に関われなくなる。

課題は、チャリティーの譲り先だ。本来であれば、2人の息子に手渡せばよいのだろうが、2人はすでにダイアナ妃のチャリティー団体を引き受けている。ウィリアム王子はホームレスやメンタルヘルスだ。野生動物保護活動にも熱心である。ヘンリー王子は、ダイアナ妃が力を入れていたアフリカのエイズの子どもを助ける団体や、同様に地雷廃絶活動を行うチャリティーのサポートをしている。

2019年9月から10月にかけてのメーガン妃とアーチー君を交えた一家3人でのアフリカ外遊では、ヘンリー王子はアンゴラで母と同じように防護服に身を包んで地雷原を歩いた。皇太子の設立した「プリンスズ・トラスト」などの担い手を、すでに手一杯の2人に頼むことはできない。2人の王子からも「ぜひやりたい」との声が上がってこない。

新型コロナ感染

皇太子は2020年3月新型コロナに感染した。以前より挨拶時には握手を避け、両手を胸で合わせるインドの「ナマステ」を導入する姿が見られたが、検査結果は陽性だった。それを受けて、スコットランドの住まいに自主隔離した。

70歳を超えての感染に重症化が心配された。しかし両親が年を重ねてもかくしゃくとするなど、最強のDNAを継承しているのだろうか、床につくこともなく回復した。しかし、約3か月後に対面公務に臨んだ時、「嗅覚と味覚が失われたまま」と打ち明けている。これは新型コロナ感染症状の一つで、後遺症として出ることもある。将来の国王が「においがしない」「味がしない」で大丈夫かと心配されたが、皇太子はその後カミラ夫人とともに元気に公務を続けている。

3・3　ダイアナ妃

地雷廃絶活動

ロイヤルの中で慈善活動家として特筆すべきは、ダイアナ妃だろう。1997年パリで36歳の若さで悲劇的な死を遂げたけれど、妃のチャリティー活動はいずれもインパクトが強く、今でも鮮やかに記憶に残る。

妃は100以上の団体のパトロンを引き受けていた。また、パトロンの依頼がひっきりなしに持ち込まれて、選択に困るほどだった。妃はいったん引き受けるとイベントのない日でも、時間をやりくりして小児専門病院や学校などに足しげく通い、親しく交流した。プリンセスであることを使って、団体にスポットライトが当たるよう心がけた。自分が行くところには記者やカメラマンなどが集まるので、意味のあることに利用しようとした。

最も注目を浴びたのは、地雷廃絶活動だろう。妃がアフリカのアンゴラに飛び、地雷を撤去したばかりの草地を歩く姿は、同行したメディアにより世界に配信された。防護服を着け、顔に透明なマスクを装着しただけの姿で〝どくろマーク〟が並ぶ元地雷原を進む妃に世界が釘付けになった。

私も万が一、取りきれていない地雷が爆発したらどうするのかと心配でたまらなかった。妃の行動で、地雷が埋まる地域が現在も存在していて、取り除く作業を行う人たちがいることが世界に知れた。妃の活動がなければ、私たちは地雷について知らないままだったかもしれない。

戦争は終わっているのに、子どもたちが遊んでいる時に地雷に触れて命を落としたり、一生不自由な生活を送る大けがをしたりすることがある。ダイアナ妃は、片足を失った少女を膝に乗せて、悲惨な事実を知らせた。口で説明するよりも、妃の勇敢な姿こそ、何よりも強く地雷廃絶を訴えたのだ。

妃がパリで亡くなった時、交通事故死を否定する暗殺説が盛んに飛び交ったけれど、その中の一つに国際的な軍需産業である地雷の推進派が暗殺を企てた、というのがあった。彼女の地雷廃絶活動にストップをかけようとしたのだという。

妃が亡くなった4か月後、1997年12月に対人地雷禁止条約が締結された。現在、日本を含む164か国が署名、批准している。ヘンリー王子が母の地雷廃絶活動を引き継ぎ、イギリスのNGO「ヘイロー・トラスト（The HALO Trust）」（1988年設立。世界24か国に約8000人のスタッフがおり、そのほとんどが地雷除去作業に携わる）のパトロンとして活動を続けている。

ヘイロー・トラストは、これまで世界中で20万ヘクタールの土地から150万個の地雷を除去した。しかし、対人地雷などによる死傷者数は、2016年の一年間に8605人を数える。そのうち2089人が命を落とした。おもちゃと勘違いして地雷に触れ、死傷する子どもたちが後を絶たない。戦争は終わったのに、地雷は無差別に吹き飛ばす。まさに悪魔の兵器といえるだろう。

エイズ患者への姿勢

またダイアナ妃といえば、エイズ（後天性免疫不全症候群）患者への姿勢が高く評価されている。1987年4月、妃はロンドンのミドルセックス病院にオープンしたイギリスでは初めてのエイズ患者のための病棟を訪れた。そして何の迷いもなく、椅子に座った若い男性のエイズ患者と笑顔で握手をしたのだ。しかも、手袋など着けない素手のままだった。

世界中の人が写真を見て衝撃を受けた。当時エイズといえば、原因などもまだよく解明されていなかったことから、空気感染もする不治の病とされた。エイズ感染とは死刑宣告であるとまでいわれていた。

したがってエイズ患者に手を差し出すプリンセスの姿に、人々はこみ上げるものを抑えきれなかった。これは、患者に触れても問題ないというメッセージと捉えられ、エイズに対する差別と偏見はこれを機に薄らいでいった。「握手くらいではエイズは伝染《うつ》りません」と声高に叫ぶよりも、妃の行動が力を持った。しかもその握手には警戒や不安はさらさらなく、慈愛に満ちたやさしさが感じられた。

その後、ダイアナ妃はブラジルのリオデジャネイロの養育施設やカナダのトロントの病院などで、多くのエイズ患者を見舞った。一人一人に励ましの言葉をかけ、ともに笑い合い、そして必ず素手の握手をした。

彼女が１９９７年に亡くなった時、ナショナル・エイズ・トラストの責任者は「ダイアナ妃はエイズへの偏見を取り払う大使として、世界一の役目を果たしてくださった。妃に代わるような存在は、他には見当たりません」と涙をこらえながら話している。

ホームレスの若者をサポート

１９９６年、ダイアナ妃は、皇太子との離婚が成立すると王室からの資金が途絶えるため、これまでのようにはチャリティー活動に参加できなくなる、そのため多くを手放さざるを得ない、と発表した。これにより、強力なパトロンを失ったチャリティー団体は残念がったという。

それでも、妃は１９９２年から続けたホームレスの若者をサポートする「センターポイント」のパトロンは継続した。このチャリティーに、ダイアナ妃はまだ幼かった２人の王子を同行した。10歳を超えたウィリアム王子は炊き出しを手伝ったが、まだ幼いヘンリー王子は母親のそばを離れなかったとか。訪問は１回限りではなく、妃は何度も２人を連れて行った。これを聞いた皇太子は「万が一、２人に何かあったら、どうするつもりだ」と叱責した。しかし妃は「宮殿の外で何が起きているかを知った方が、将来２人のためになります」と信念を貫いた。国民は、もちろんダイアナ妃の味方だった。

母の遺志を継ぐウィリアム王子

ウィリアム王子は「母は何の躊躇《ちゅうちょ》もなく、このような活動を僕たちにじかに見せてくれました。母が僕たちの目を覚ましてくれたことに感謝しています」と話す。今でもウィリアム王子は、たびたびセンターポイントを訪ねる。若者たちとおしゃべりしたり、炊き出しを手伝ったり、ピンポンなどを楽しむ。スタッフがダイアナ妃の思い出を懐かしそうに語ると、王子はそのたびに目をうるませるそうだ。

また、王子は、キャサリン妃との結婚前年の12月、厳寒のロンドンの夜を野外で過ごした。古い段ボールを道路に敷き、一晩横たわったのである。チャリティーの責任者とともに凍える一晩を固い路上で過ごした。

「どうせ翌朝は宮殿に戻るのだろう」「一晩路上に寝たくらいで、ホームレスの絶望などわかるはずもない」との批判も聞こえた。しかし、今まで数多くのロイヤルの中でこうした行動を実践したケースがあっただろうか。

ホームレスの人たちのつらさを体験した王子は、「さすがダイアナ妃の息子だ」と称賛された。パトロンは、着飾ってパーティーに参加したり、授賞式で表彰状を渡したりするお飾りの名誉職ではない。こうした地味な実践活動こそ説得力を持つ。

ウィリアム王子がパトロンとしてホームレス支援団体を選択したことに、父親は反対した。しかし、王子は自分で決めたのである。こうした決意をイギリスの人たちは高く評価する。時にはインパクトのある行動をして、強力なアピールをする。そんな前向きな姿勢が人を動かすのだ。名前を与えるだけのパトロンは、すぐに見破られる。どれだけ自分に引き付けて捉えられるかが問われるのだ。

ウィリアム王子は２０１５年に民間企業に就職、イースト・アングリアン・エア・アンビュランスに救急ヘリコプターパイロットとして勤務した。事故や病気などで緊急援助が必要な人を病院などに搬送する。「やりがいのある仕事です」と話していたが、給与（年間、約６６０万円）はすべて慈善団体に寄付した。

１９９７年８月31日ダイアナ妃がパリで亡くなった後、妃の２人の姉や友人、関係者などがダイアナ・メモリアル基金を設立した。ここには一般の人々からの寄付金が絶えず流れ込み、合計は約５億円に達している。２０１２年まで寄付金が集まり続け、この年末にようやく閉じた。寄付金は妃がパトロンを務めていた団体に助成金として送られた。妃をしのぶ気持ちを寄付で表し、それがチャリティー団体に寄贈されたことを人々は喜んだ。

花の海

ダイアナ妃が亡くなると、妃が住んでいたケンジントン宮殿の前には無数の花束が手向《たむ》けられた。人々が一束一束胸に抱いて運び、そっと置いた花束は「シー・オブ・フラワーズ（花の海）」にたとえられた。

私も何度か足を運んだが、そのたびに花束の量は増え、宮殿の大きな門が次第に遠くに小さく見えるようになった。置かれた花束に混じって、妃への思いをしたためたカードや、愛らしいぬいぐるみなども見られた。

数か月後、宮殿前の花束はボランティアにより、いっせいに片づけられた。その時に枯れていない花束やおもちゃは、ロンドンの小児病院や養護施設などにプレゼントされた。子どもたちがクマのぬいぐるみを抱きしめる写真が大きく報道された。

ロンドンのケンジントン宮殿。ダイアナ妃が亡くなった時は、この前に花束がたくさん手向けられた。現在は、ウィリアム王子一家などが暮らしている。

かわいい人形に頰ずりする子どもたちの姿に、人々は癒されたのだった。

3・4　カミラ夫人

皇太子が真っ先に行ったこと

ダイアナ妃の天敵ともいえるカミラ夫人にとっても、チャリティーは大事な働きをした。チャールズ皇太子とダイアナ妃が１９９６年に離婚すると、皇太子は夫人に真っ先にしてやったことがある。それは、彼女にチャリティーのパトロン役を与えることだった。夫人の祖母と母親は、骨がもろくなる骨粗しょう症で亡くなっている。特に母親は晩年「痛い、痛い」と苦しみを訴え続けていた。それで夫人は病気の怖さを知っていて、遺伝する可能性や治療方法などに関心が高かった。皇太子は、夫人が「イギリス骨粗しょう症協会」のパトロンに就任するように協会と話を付けたのだった。

協会は「光栄なこと」として夫人をトップに迎えた。近い将来、夫人を妻として迎えるつもりの皇太子が、まずロイヤルらしくなるために、最初に慈善団体のパトロンを与えたのは興味深い。「ダイアナ妃を不幸にしたカミラ夫人を迎えるとは、骨粗しょう症協会も地に落ちたものだ」と国民から非難が殺到した。しかし、皇太子の直々の依頼ともなれば断ることなどできるはずもない。夫人はその後パトロンとして、協会の活動に参加している。

人気は低迷

夫人はその後も皇太子のアドバイスでパトロンの数を増やし、現在は90ほどの慈善団体のトップを務める。子どもたちに読書を勧める団体や家庭内暴力の被害者を救済する団体などだ。２０１８年は２１９ほどの公務をこなしている。慈善団体のパトロンになることがロイヤルとして認められる第一歩であることを、夫人の例がよく示している。

カミラ夫人は皇太子と結婚後、大きな失敗もなくまずは順調に「皇太子の配偶者」を務めている。近い将来、皇太子が戴冠した時、果たして夫人は皇太子の望むように「王妃」になれるのか、「国王の配偶者」との称号にとどまるのか、国民の判断が注目される。

２０１９年11月の王室の人気ランキングでは、カミラ夫人は、エリザベス女王、ウィリアム王子、キャサリン妃、シャーロット王女、ヘンリー王子、メーガン妃、ザラ王女よりも下で、またもや最下位に沈んだのだった。

3・5 キャサリン妃

母親は起業家

2011年、ウィリアム王子と結婚したキャサリン妃は、ロイヤルの中でも抜群の人気を誇る。妃は母親キャロル・ミドルトンさんの起業した通販会社「パーティー・ピーシーズ」の成功もあって、平民だけれども富豪の令嬢となった。英国航空でCAとして働いていたキャロルさんは結婚後、キャサリン妃、ピッパさん、ジェームズさんと一男二女を育てる専業主婦になった。

イギリスでは、子どもの誕生日などには多くの友だちを招いて、自宅などでパーティーを開く。他にも、イースター、ハロウィーン、クリスマスなどのイベントごとに、子どもたちのために紙皿やコップ、衣装、アクセサリーなどを手作りしてきた。キャロルさんのこしらえたものは、いずれもセンスがよくかわいいと、いつもママ友の間で話題になった。
ある日、キャロルさんは一人のママ友から相談を持ちかけられる。誕生パーティーなどのたびにグッズを用意するのは負担が大きい。日中働いているので時間が取れない。でも子どものためにはやってあげたい。それで、キャロルさんは彼女のためにパーティーグッズを手作りした。その話を聞き、できあがりの小物を見た他の母親から、「私もお願いしたい」との声が上がったのだった。

ウィリアム王子とキャサリン妃の結婚式に登場した近衛騎兵隊。

キャロルさんは自宅の中庭にあった物置小屋をリフォームして、バースデーパーティーなどに欠かせない愛らしい小物をこしらえ、通販で売る会社を立ち上げたのであった。カタログのモデルには、3人の子どもが登場している。キャサリン妃がカタログ用の写真を撮影したこともあった。キャロルさんのビジネス感覚は抜群だ。あれよあれよという間に評判を呼び、起業家として大成功を収めた。

キャサリン妃の勝負服

ウィリアム王子と妃とは、スコットランドのセント・アンドリュース大学の同級生だ。大学のチャリティー団体主催のファッションショーで、妃は勝負に出る。これを機に、王子をねらうあまたのライバルと決定的な差をつけたい。妃はブラとパンティが透けて見える黒色のシースルー姿で舞台を歩き、最前列に陣取っていたウィリアム王子をノックアウト。

　妃はキャロルさんの後押しもあって、王子と同じ大学を選んだとうわさされたが、今となっては「王子はよい結婚をした」と称賛されている。ジョージ王子、シャーロット王女、ルイ王子と3人の子どもに恵まれた。「4人目もほしい。でも、そうするとウィリアムが青くなりそうね」と話している。王子はイクメンで、赤ちゃんの夜の授乳やおむつ交換は3人ともに引き受けた。弟ヘンリー王子に長男アー

キャサリン妃の出産する病院の前には、ずっと前からロイヤルベビーの誕生を待ちわびる人が陣取る。歌を歌い、拍手して盛り上げる。

チー君が生まれた時、「睡眠不足の世界へようこそ」とユーモアを込めて祝いの言葉を送っている。

ケイト・エフェクト（ケイト効果）

キャサリン妃が公務の際に着る服装は、あっという間にソールドアウト（完売）になってしまうため、「ケイト・エフェクト（ケイト効果）」と呼ばれる。それほど高価な衣服ではないので、手に取りやすいのかもしれない。

さらに、妃は同じドレスを繰り返し着る。しかも、同じドレスを着ても、アクセサリーやヘアースタイルなどで雰囲気をガラッと変えるので、その技には感嘆の声が上がる。税金を使うことを自覚していると伝わり、好感を持たれている。結婚

キャサリン妃の出産には、世界から取材陣が集まる。筆者（右）は病院前で取材中、思いがけずオーストラリアからのクルーに逆取材された。

当初は、キャロルさんやピッパさんと同じドレスを着たことがあり、母娘と姉妹で着回しする堅実さも評判になった。

キャサリン妃が務めるパトロン

妃がパトロンを務めるチャリティー団体の一つに、ロンドンにあるヴィクトリア&アルバート博物館がある。

ヴィクトリア女王と夫君アルバート公の名前を冠した博物館で、世界でも一級の絵画、彫刻、アクセサリー、インテリアなど4万点以上を展示する。入場料は大英博物館（ロンドンにある1759年に開館した世界最大の博物館の一つ。古今東西の美術品や工芸品、書籍など約800万点が収蔵されている。特にエジプトのミイラ、ロゼッタ・ストーン、アッシリアの守護獣神像、ルイスのチェス駒などが必見）などと同じく無料。妃は、パトロン役を女王から譲られた。

さらに妃は、ロンドン自然史博物館のパトロンでもある。

ここもまた世界的に評価が高く、恐竜から昆虫まであらゆる生物、それに鉱物などが展示されている。火山・地震コーナーには体験スペースがあり、阪神・淡路大震災の揺れを体験できる。地震慣れしている日本人には震度2から3ほどの揺れは、たいしたことはないかもしれない。しかし地震に縁がないイギリス人は、揺れ始めると顔に緊張が走った。周囲に目をやって手すりを探したり、子どもを引き寄せたりした。地震を初めて体験する人がほとんどで、イギリス人にとっては貴重なのだろう。キャサリン妃はジョージ王子を連れて博物館をたびたび訪れている。

妃のパトロンは他に、薬物・アルコール依存症の患者とその家族とスタッフなどへの支援、ダイアナ妃が支援していた子どものホスピス施設、難病の子どもが長く入院する小児病院、アートを通じた作業などで子どもたちの自尊意識を高めるPlace2Be、ナショナル・ポートレート・ギャラリー（ロンドンにある肖像画美術館。歴史上の人物の肖像画を集めたユニークな美術館で、中を歩くと視線を左右から浴びる不思議な雰囲気を持つ）。また、ウィリアム王子と、メンタルヘルスに関する慈善事業も行う。

さらに若手スポーツ選手の育成にも力を入れる。

妃はスポーツウーマンである。高校時代はホッケーのキャプテンだった。テニスもこなし、2016年に女王から「オール・イングランド・ローンテニス・アンド・クローケー・クラブ」のパトロンを引き継いだ。毎年、ウィンブルドンテニス選手権の試合を観戦する。優勝者にトロフィーを渡す役目を果たす。

スキーも楽しむ。サッカーのボールさばきを披露することもある。スポーツ万能の妃は、若手のスポーツ選手育成のパトロンにうってつけだ。このようにパトロンは本人の関心、興味に基づいて女王から与えられることが多い。女王の割り振りは的確で、子や孫たちは感謝とともに喜んで引き継ぐのが常だ。

アートの才能を見込まれる

妃は、大学で芸術史を専攻しただけあって、アートのセンスは抜群である。ボランティアで訪れた子どもの施設で絵を描いた時、隣に座っていたウィリアム王子が「彼女の方がはるかにうまい」と舌を巻いたほどだ。

彼女のアートの才能は、子どもたちを撮影した写真に現れた。ジョージ王子、シャーロット王女などの誕生日ごとに写真が公表されたが、それが妃の手になるものと知って、国民は出来栄えのよさに感心した。母親が撮影しているため、子どもに緊張感がなく、自然な笑顔を向けている。これらの写真に目を留めたのが、写真協会だった。光の当て方、アングルの正確さ、ポーズの取らせ方など完璧と絶賛した。それで、ぜひ協会のパトロンに就任してほしいと依頼したのだ。妃は「アマチュアなのに光栄なこと」として、引き受けた。

妃は、2019年6月に、協会の恵まれない子どもたちにカメラを与える活動に参加した。幼稚園児や小学生にカメラを渡して、簡単な手ほどきをした。公園や動物園、植物園などに行って、自由に撮影をさせる。作品には、被写体の選び方や光の取り入れ方まで子どもの個性が出る。思いがけずその子の抱える悩みが表れることさえある。妃は、「作品から子どもたちの可能性を知り、勉強になりました」と話した。

メンタルヘルスの問題への取り組み

ウィリアム王子、キャサリン妃、ヘンリー王子の3人（のちにメーガン妃も参加。その後ヘンリー王子とメーガン妃は離脱）は、メンタルヘルスの問題に取り組む慈善事業「ヘッズ・トゥゲザー」を立ち上げた。心の病気については、「汚名」「恥」といったマイナスのイメージが付きまといがちだ。偏見を取り払い、気軽に気持ちを口にして相談できる環境を作りたいと設立された。

英王室は「君臨すれども統治せず」の原則から、政治に口出しをすることはない。しかしダイアナ妃は時には政治的介入と批判されながらも、人道的な見地から地雷廃絶などの慈善活動に突き進んだ。ウィリアム王子とヘンリー王子は、母から学んだことを生かそうと、「知名度の高さを利用しての慈善活動」を行う。地位、名前、肩書きは善行にこそ使うものなのだ。

イギリス王室のチャリティー活動は、背景にはさまざまな思惑があるのだろうが、ロイヤルの個性や興味・関心に沿う選択がなされている。そのせいか、パトロンであることの義務感よりも、楽しげに参加する姿がしばしば見られる。関心があり興味があれば、団体の活動への参加は大きな喜びになる。

3・6　メーガン妃

生い立ち

メーガン妃は、ヘンリー王子と2018年5月にウィンザー城の礼拝堂で結婚式を挙げた。アメリカ・カリフォルニア州ロサンゼルスで1981年8月に生まれ、父親トーマス・マークルさんは、ハリウッドでテレビ番組の照明ディレクターをしていた。照明部門でデイタイム・エミー賞を受賞したこともある。結婚して2人の子どもが生まれたが離婚。その後、仕事場で会ったドリア・ラグランドさんと再婚した。ドリアさんはソーシャルワーカーやヨガのインストラクターである。

メーガン妃は、私立カトリック系中高一貫女子校に通い、ノースウェスタン大学を卒業。妃は、公務で訪ねたフィジーの大学で女性教育についてスピーチをした時に、「一生懸命に頑張って得た奨学金で大学に行きました。だから皆さんも努力して」と話した。

これに対して父は、「学費はすべて私が支払った。明細書も持っている」と反論している。

妃は大学では、国際政治と舞台芸術を学び、その後父の兄の紹介でアルゼンチンのブエノスアイレスにあるアメリカ合衆国大使館でインターンとして働いた。

アルゼンチンからアメリカ・ハリウッドに帰り、父親のつてを頼って女優を目指し、オーディションを受け続けた。いくつかのちょい役に出た後、ニューヨークの法律事務所を舞台にした「ＳＵＩＴＳ／スーツ」のレギュラー役を得た。撮影地はカナダのトロントであったため、7年ほどトロント住まいだった。この間、ロンドンを訪れた際に、紹介者によりヘンリー王子と出会った。

メーガン妃は、ハリウッドのプロデューサーと長い交際期間を経て結婚した。しかし、わずか2年で離婚。妃はヘンリー王子よりも3歳年上で、母親はアフリカ系アメリカ人。反対の声も上がったが、英王室に新しい風を吹き込むとの期待も大きく、開かれた英王室の象徴であると当初は歓迎された。特に、エリザベス女王がダイアナ妃の時の反省などから、メーガン妃が孤立しないよう、人種差別など受けないようにと心を砕いた。結婚前に、家族水入らずで過ごすクリスマスの集まりに招待したり、結婚後1か月もたたないうちに王室専用列車を使用しての地方公務に同行させたり、王室の習慣などで戸惑わないようにベテランスタッフを彼女付きにしたりした。一時は、キャサリン妃が快く思わないほど、女王はメーガン妃をかわいがっているといわれたものだった。

結婚前からチャリティー活動に勤しむ

結婚に当たって多くのお祝い金が寄せられたが、ヘンリー王子とメーガン妃はチャリティー団体に寄付した。ケンジントン宮殿は、次のように声明を発表した。「ハリー王子とミス・メーガン・マークルは、婚約発表以来、皆様から寄せられた温かい善意に感謝しています。しかし一人でも多くの方が、ギフトを送ってくださる代わりにチャリティー団体に寄付されることを願います」。

王子と妃が名前を挙げた団体は、エイズと闘う子どもたちと若者を支援する「CHIVA」、インドのムンバイのスラム街で暮らす女性たちをサポートする「マイナ・マヒラ・ファウンデーション」など7つだ。イギリスばかりでなく、海外のチャリティーも混じる。選ばれた団体は喜びと感謝のメッセージを発表した。

メーガン妃は、結婚前から人道的活動を行っている。国連では、女性の活動を促進する「UNウィメン」の親善大使としてスピーチをした。カナダの慈善団体に賛同して、インドなどを訪れ、子どもたちに安全な水を供給する活動に参加したこともある。英王室に入ってからは、女性支援の慈善団体のパトロンになった。

「バナナ・メッセージ」

ただ、結婚後の「女性支援」がおかしな方向に進み始めたのは、「バナナ・メッセージ」からだった。妃がイギリス西部のブリストルに2019年2月に行った時、路上で性を売る女性たちをサポートする団体を訪ねた。かつて売春をしていた女性が、仲間を助けたいと創設した。

ブリストルには、150人ほどのセックス・ワーカーがいるといわれる。夜間にパトロールを行い、女性たちの話を聞き、食料、衣服、コンドームなどを渡す。彼女たちはアルコールやドラッグ依存症、ホームレス、暴力被害などで苦しんでいることが多いため、専門慈善団体や施設などに応援を頼むこともする。彼女たちが街角で性を売る状況から抜け出して、新たな人生を歩み出せるよう助けを続ける。

王子と訪れたメーガン妃は、スタッフの袋詰め作業に目をとめた。ポテトチップスやフルーツ、ブランケットにコンドームなどをバッグに入れている。その中にバナナを見つけると黒色のマジックペンを借りて、黄色い皮の上にメッセージを書き付けた。それは、「あなたは勇気がある」「あなたはスペシャルな存在」「あなたは愛されている」などだった。妃としては、精一杯の励ましを送ったつもりだったのだろう。小学生の時に、ランチ係の女性が児童にバナナを渡す時こうした言葉を書いていた。それにヒントをもらったと後で説明した。

しかし、受け取った女性たちからは、期待した言葉は聞かれず、むしろ反発を食らった。「妃の気まぐれな思い付きは、何の助けにもならない」「妃の自己満足に過ぎない」「うわべだけの同情は止めて」「ただ悲しくなるだけ」などだった。

対象が小学生なら励ましのメッセージはそのまま届いたかもしれないが、厳しい生活を強いられる女性たちからは激しい怒りを買った。妃に悪気はなかったのだろうが、気持ちが空回りした。慈善団体支援とは、〝同情〟とは異なるものなのだ。その後も、メーガン妃が慈善団体に対し何らかの行動をするたびに、「またバナナ・メッセージを送るつもりか」などと、引き合いに出されてしまうようになった。

一万人以上の女性を職場復帰させる

メーガン妃は、失業中の女性を再び職場に復帰させるよう努める慈善団体「スマート・ワークス」のパトロンを務める。団体は、面接に臨む女性たちにクォリティーの高い衣服とバッグやアクセサリーを無料で提供し、面接マナーを伝授する。スタイリストが付いて着こなしを手ほどきし、インタビューの練習にはコーチングのプロや企業マネジャーがアドバイスを授ける。ボランティアの数は300人を超える。

これまで、一万人以上の女性たちの職場復帰を実現させた。採用されれば、さらに5着の服を追加でプレゼント。最初の給料を受け取るまで、きちんとした身なりで職場に通えるようにとの配慮だ。慈善団体はかつて女王が45年間にわたってパトロンを務めていた。

妃はロンドンの本部を訪ねた時、一人の女性に似合う服装選びに取り掛かった。無数の寄付された服から、「これが、あなたにぴったり」と、スーツを渡した。面接に着る服装が調達できないと、就職の入口に立つことさえできない。女性は感謝して、「胸を張ってインタビューに臨めます。職場に戻り生活を一変させたい」と目を輝かせた。

しかし、その時の妃自身の服装に注目が集まった。妃は、高級ブランド、オスカー・デ・

ラ・レンタ（１９３２—２０１４　アメリカの著名なファッションデザイナー）の約50万円のコートを着用していたのだ。手には、ヴィクトリア・ベッカムの革のトートバッグを持っていたが、値段は30万円を下らない。さっそく「ドレスを調達できない女性に会うには、無神経すぎる」「そのぜいたくな服をまず寄付したら」「あなたの着るドレスの費用は税金であることを知っていますよね」と書き立てられた。

育休明けの初仕事

２０１９年9月12日は、妃の育休明けの日だ。５月６日に長男アーチー君を出産して、約４か月がたった。育休といっても、ヘンリー王子のチャリティーのポロ試合を応援に行ったり、ウィンブルドンでのテニス試合にキャサリン妃らと出向いたり、さらに全米オープンテニスの時は、ニューヨークまで飛んでセリーナ選手の決勝戦を観戦した。

育休明けの記念すべき公務に、妃はスマート・ワークスのカプセル・コレクション（ファッションのブランドなどが展開するコレクションとは別に、アーティスト、デザイナー、セレブなどと協働して行うコレクション。短期間であったり、数量が限られたりする）を選んだ。デパートのジョン・ルイス・アンド・パートナーズ、高級スーパーマーケットのマークス&スペンサー(Marks & Spencer)などの企業の助けを借りて、ブレザー、ズボン、バッグなどを発表した。これらは2週間にわたり販売される。一点購入されるごとに、もう一点がスマート・ワークスに寄付される仕組みだ。「カジュアル、トレンディで、働く女性が毎日着られる」「誰にでも似合うスタイルながら、モダンでおしゃれ」と好評だった。

ただメーガン妃が批判から逃れることは難しい。妃がスピーチした時は、ひっきりなしに耳に髪の毛をかけるしぐさについてだった。「目障りで話に集中できない」と批判されたが、かきあげるには理由があった。耳には、ダイアナ妃の形見であるバタフライ・イヤリングが輝いていたのだ。「そうか。それに気が付いてほしかったのね」「本当に、わざとらしい」「自己顕示欲の塊」と声が上がった。「妃は女性のロールモデルとか、成功者のような振る舞いをする。ただ結婚で金持ちになっただけ。多くの人たちから尊敬される何かを成し遂げたわけではない」「いつでも教えてやる、助けてやるといった上から目線」などだ。厳しい……。

浪費家（NYのベビーシャワー）

妃は結婚以来、服装が高価すぎると批判された。特に厳しい環境に暮らす女性を助ける団体に赴《おもむ》く時は、気を使った方がよい。高級ブランドを身にまとって、貧困状態にあえぐ女性を支援する団体のパトロンをするのは、「偽善だ」と非難されやすい。

妃の金遣いの荒さは、ベビーシャワーに象徴される。ベビーシャワーとは、妊娠中の女性の家族や友人らが集まるパーティー。アメリカが発祥の地だ。妃は妊娠7か月の時に、アメリカの友人らとベビーシャワーを催した。マンハッタンの最高級ホテルに泊まって、プレゼントを受け取った。費用の合計は約5500万円。ホテルの滞在費をセリーナ・ウィリアムズが支払い、ロンドンとニューヨーク間のプライベートジェットをジョージとアマル・クルーニー夫妻が用立てた。

この時期イギリスはEU離脱でもめにもめ、国民は不安を募らせていた。EUから離脱すると暮らしはどうなるのか。食べ物の価格はアップするのか。多くの外国企業がヨーロッパ大陸に出て行ってしまうが、失業者は増えるのかなど、不安は増すばかりだった。

そんな中、ベビーシャワーは友人の懐に助けられたとしても、けたはずれのぜいたくに見えた。「マリー・アントワネットのよう」と批判された。「ロイヤルの立場で、裕福な有名人からおごってもらうと、彼らから依頼された時に断りにくくなる」「ロイヤルの威厳が失われる」とさんざんだった。妃の浪費を批判する声が高くなると、せっかく慈善団体の仕事をしても、ケチがつく。チャリティーへの熱意が、高価な服装で帳消しになってしまう。

チャールズ皇太子のチャリティーを応援

妃は婚約すると国内をヘンリー王子とともに巡った。王子は、国民にフィアンセをお披露目するのが英王室の慣例だ。どこでも妃は熱狂的に迎えられた。スコットランドからウェールズまで各地を回ったが、その一か所でしっかりした作りのハンドバッグを手にしていた。それはチャールズ皇太子が創設した慈善団体「プリンスズ・トラスト」の支援を受けて、革製品を製造販売する女性起業家が売り出したバッグだった。

メディアが大きく紹介したので、彼女には注文が殺到した。彼女は難病のために入院生活が長いが、素材の革をベッドに持ち込んで製作に打ち込んだ。突然スポットライトを浴びてうれしそうな表情を浮かべる写真と、妃への感謝の言葉が掲載された。喜んだのは皇太子だった。結婚前の次男のフィアンセに、効果的なPRをしてもらったのだ。

ただ、国民の反応はよいものではなかった。妃は実父のトーマス・マークルさんとは連絡を取らず、心臓手術を受けたと知ってもお見舞いにも行かず、ロンドンに招くこともなかった。トーマスさんは、結婚前にパパラッチにやらせ写真を撮らせ1000万円ほどの報酬を手に入れた。それを妃は「許せない」とするが、トーマスさんはすでに繰り返し謝っている。実父には冷淡だが、リッチで生活費や衣装などのスポンサーである義理の父には露骨にすり寄る、と批判された。妃は、トーマスさんが結婚式に来られないとなった時、手を引いてバージンロードを歩く役目を皇太子に頼んだ。娘のいない皇太子は喜んで引き受けている。

唯一評価される、グレンフェル・タワー被災者への活動

妃は結婚当初は大歓迎されたが、次第にぜいたくな支出が目立つと、批判が続くようになった。そうした中で、唯一評価されているのに、グレンフェル・タワーの被災者のための活動がある。

第一章の「オープン・マイク」のところでも触れたが（47ページ参照）、グレンフェル・タ

ワーの大火災は、２０１７年6月に起きた。タワーは、ロンドン西部に建つ24階建ての高層住宅で、１２７戸の低所得者向けのカウンシル・フラット（公営住宅）だ。火元は住民の古い冷蔵庫と見られ、死者は70人を数えた。住民は、東ヨーロッパ、中東、北アフリカなどから移り住んだ人たちだった。

すぐに、被災者を支援する取り組み、コミュニティー・キッチンができた。公民館を借りて料理を作り、被災者などに提供し始めた。ここにメーガン妃がサプライズで参加、料理作りを手伝った。料理はお国自慢が並ぶとあって注目され、レシピ本を出版する運びになった。当初は、運営資金を賄うことができればよいと5万部を売って収益は約３５００万円を目標にした。しかし、珍しい郷土料理など約50のレシピが掲載されていると人気を呼び、２０１8年3月までには13万部を突破、寄付も含めて約７６００万円もの収益を上げた。タワーには、いくつもの国の出身者が暮らしていた。社会的弱者かもしれないけれど、多様性は強みだ。そこを生かして出身地の自慢料理を盛り込んで成功した。

メーガン妃は、前書きに女性たちの活動を称賛する文を寄せ、自分が料理する写真を掲載して、今後も支援したいと結んだ。妃の関わったチャリティーの中で、批判を浴びなかった貴重な活動である。

アフリカツアーでの波紋

ヘンリー王子とメーガン妃は、２０１９年９月下旬から10月初めにかけて、アフリカに外遊した。アーチー君をまじえた親子３人の旅行である。ただ、メーガン妃とアーチー君は南アフリカに滞在し、王子は、マラウイ、アンゴラ、ボツワナにも訪れた。妃は現地の人たちと一緒に踊り、高価な衣服を意識的に避け、女性たちを励ますスピーチを行った。「メーガンと呼んで」「カーテシー（女性のみが行うお辞儀の一種）などしないで」と呼びかけ、親しさをアピールした。イギリスの人たちは大きなトラブルもなく、無事に大役を果たした２人を評価した。

しかし、ツアーが終わった直後に、２人が受けたインタビューが波紋を広げた。その中で妃は、誰も「大丈夫？」と尋ねてくれないと、王室の人たちの冷淡さを暗に批判した。同時に、２人は大衆紙メール・オン・サンデーを相手取り、父親に宛てた私的書簡を不法に公開されたと訴えを起こした。ヘンリー王子は理由を、「妻を守るため」と話した。ダイアナ妃がメディアに追いかけられて交通事故死したので、同じことが妻に起きないようにしたいと強調した。

ただ、2人は国内メディアを敵に回す訴えを起こすにあたって、女王にもチャールズ皇太子にも相談しなかった。側近は、「せっかくのアフリカ訪問に対する評価を薄めてしまう」と残念がった。

多くの国民は王子と妃の提訴に賛成していない。皇太子とカミラ夫人などは、長くメディアから揶揄《やゆ》され攻撃されたけれど、対抗する行動には出ていない。メディアに言い返せば、また必ず何か言われる。火に油を注ぐ結果になる。王子と妃は、たとえ叩かれても、「苦情を言わない。説明しない」というロイヤルの鉄則を破った。王室とメディアとは持ちつ持たれつの仲なのだ。「もし勝ったとしたら、それで2人は何が得られるのか」「裁判に費やす時間やエネルギーの分だけ、公務ができなくなる」「裁判などになれば、恥をかく結果になるのは2人の方」と国民は眉をひそめた。

王子と妃は、11月上旬の戦没者追悼記念式典に出席すると、その後は6週間の休暇を取った。12月は恒例のサンドリンガムでの家族そろってのクリスマスにも欠席した。結婚当時のメーガン妃への熱狂はどこに行ったのだろう。メーガン妃に英王室になじもうとする様子が見られない。今後はどういう選択をしていくのか、気がかりだ。

3・7　王室離脱

ロイヤルの仕事から離れる

やはりというべきか。ヘンリー王子とメーガン妃は2020年1月に突然、王室離脱を発表した。当初は、イギリスと北米を行ったり来たりの生活を望んだが、女王が「ロイヤルの仕事は中途半端にやるべきではない」と認めず、3月末に2人はサセックス公爵夫妻の称号とヘンリー王子の王位継承6位を保持して王室離脱、英連邦のカナダのバンクーバーにアーチー君とともに移った。

3月にコロナ禍でカナダが一部ロックダウンされると知り、急遽《きゅうきょ》アメリカ・カリフォルニア州のロサンゼルスに飛んだ。メーガンさんのふるさとでは、映画やテレビなどの仕事が次々と舞い込むことを期待したが、コロナは収束せず仕事は来ない。メーガンさんは、買い物に出にくい高齢者などのために食料品を配るボランティアなどをした。

離脱後も世間の注目の的に

王子とメーガンさんの暴露本ブームが起きた。２０２０年5月から立て続けに3冊出版されたが、いずれもメーガンさんを鋭く批判した内容だった。そんな中、８月にはメーガンさん擁護派の『自由を求めて』が発行された。高級紙タイムズに抜粋が掲載されるなど注目度が高かった。女王、ウィリアム王子、キャサリン妃、宮廷の廷臣などからいじめられたと具体例を挙げ、かわいそうな被害者として同情を求める。

２人は、９月にアメリカの大手動画配信サービス、ネットフリックスと複数年の大型契約を結んだ。契約金額は明確な数字は公表されていないが、約１５０億円とも２３０億円ともいわれる。制作会社を立ち上げて、映画、ドキュメンタリー番組などをこしらえる。同じネットフリックスと契約して、優れたドキュメンタリー作品でアカデミー賞を受賞したオバマ夫妻をキャリア・モデルにしている。人権、環境、女性問題以外に、家族が元気になるような子ども向けシリーズも発表するという。

映画制作は未経験の２人がどのような作品を作るのか、不安の声も高いが、メーガンさんは「アカデミー賞を目指す」と意気軒高である。さらに11月のアメリカ大統領選挙については、「投票所に行こう」「変化が必要」と繰り返し訴えた。英王室は、政治活動には関わらないのが伝統であるので、ひんしゅくを買った。将来は、アメリカ大統領になりたい、とメーガンさんは明言したと友人が証言している。

＊　＊　＊

「英王室」と一言《ひとこと》で言っても、本章で触れたように構成するロイヤルは個性豊かな人たちばかりで、極めて人間臭い。共通点は、慈善活動に熱心に取り組むことだ。チャリティー団体のパトロンとなって支援し、時には自ら創設する。いまだにイギリスに存在する階級制度のトップに君臨する王室は、進んで弱者を助ける模範となろうとしているようだ。

英王室を知ることは、イギリスを知る早道でもある。イギリスの価値観、歴史、文化、伝統、慣習は、王室の中にこそ詰まっている。ゆるぎないのは、国民の中の、特に弱者に寄り添う姿勢だろう。

ロイヤルはマグカップに顔を見せて、イギリス経済に貢献する。日本では考えられない光景。

第四章

ノブレス・オブリージュ

２０１９年４月、上野千鶴子・東京大学名誉教授が入学式で述べた祝辞が大きな話題になった。そこには「東京大学に入学できたことを自分の頑張りとするのではなく、恵まれない人に分け与えることにこそ使ってほしい」という一文が含まれていた。ごく当たり前の物言いがこれだけ注目されたのは、こうした考え方が日本では現在あまり浸透していないからかもしれない。

一方、イギリスではエリートなどには「ノブレス・オブリージュ（高貴な者の義務）」が行き渡っており、社会的弱者に手を差し伸べるのを誇りとする。孤独で苦しむ人がいれば、決まってできることを見つけて実行しようとする。

4・1　世界最低レベル

東京大学の入学式で

２０１９年４月12日、東京大学の２０１９年度入学式が日本武道館（１９６４年東京オリンピックの柔道競技会場として建設された）で行われた。ここで社会学者（女性学）の上野千鶴子・東大名誉教授が祝辞を述べた。

上野氏の著書や発言は「アグネス論争」（１９８７年、歌手のアグネス・チャンが子連れ出勤したことの是非を巡って起きた論争。１９８８年の新語・流行語大賞で流行語部門・大衆賞を受賞）など、これまでも論議を呼んできた。

今回の祝辞も、テレビニュースやワイドショーなどでも報じられるほど、異例の扱いだった。祝辞にはいくつかのポイントがあるけれど、特に注目されたくだりは、「自分がここまで来られたのは自分の頑張りではなく、環境がそうさせてくれたという自覚を持ち、それを恵まれない人にこそ分け与えてほしい」という箇所だ。

ごくまっとうな意見のように思うが、こうした考えを耳にする機会が日本ではこのところほとんどないように感じられる。それだけに、新鮮だった。

上野氏の祝辞から引用する。

世の中には、がんばっても報われないひと、がんばろうにもがんばれないひと、がんばりすぎて心と体をこわしたひと……たちがいます。がんばる前から、「しょせんおまえなんか」「どうせわたしなんて」とがんばる意欲をくじかれるひとたちもいます。あなたたちのがんばりを、どうぞ自分が勝ち抜くためだけに使わないでください。恵まれた環境と恵まれた能力とを、恵まれないひとびとを貶めるためにではなく、そういうひとびとを助けるために使ってください。そして強がらず、自分の弱さを認め、支え合って生きてください。

「恵まれている人は恵まれない人を助ける」。こんな当たり前のことを東京大学の入学式で改めて訴えなくてはいけないほど、日本人は自分のことばかり考えるようになっているのだろうか。

いつからか、日本では「自己責任」という言葉をよく耳にするようになった。極端なことをいえば、貧しい人は本人が悪い、という考えだ。本人がいくら努力しても、頑張ってもうまくいかないことはあるのだろう。そうした人たちを切り捨てるばかりで、「自分は、ああはなるまい」とさらに身を固くして、貧しい人たちから目をそらして自分の道ばかりを進む。

いくら頑張ってもうまくいかないことはある。その人が特に悪行を働いたわけではないのに、うまくいかない。自分もいつ、そうした立場になるか、わからないのだ。それを自己責任との言葉を使って、一刻も早くその人から距離を取ろうとするのだろう。

世界寄付指数

イギリスのチャリティー団体Charities Aid Foundation（ＣＡＦ）が、人助け、寄付、ボランティアの3項目について数か月以内に行ったかどうかのアンケート調査を世界各国で実施、回答結果を発表した。２０１８年度においては、日本は総合的には１４４か国中、１２８位の低さであった。

項目別に見る。

・他人を助けたか（人助け指数）　142位
・慈善団体などに寄付をしたか（寄付指数）　99位
・組織的なボランティアをしたか（ボランティア指数）　56位

他人に無関心で弱い立場の人に冷たいが、お金持ちで権力を持つ人と見るや、たちまち忖《そん》度《たく》やへつらいが横行する風潮をこのところよく見聞きする。この二つはまるで表と裏の関係にあるようだ。足を引っ張られると感じる人には近づかない。一方で、金銭や権力など何かしら自分にプラスに働くかもしれないと思う人にはすり寄っていく。孤独な人に、積極的に声をかけ援助の手を差し伸べる人はあまりいないのが、日本の現状なのかもしれない。

4・2　オックスフォード大学の精神

名門中の名門

思い出すのは、かつてオックスフォード大学に雑誌の取材に行き、学生にインタビューした時のことだ。オックスフォードといえば、現存する大学としては極めて古く、英語圏に限れば最古である。「THE世界大学ランキング2021」では世界1位に5年連続で選ばれている。卒業生は25万人を超えていて、輩出したイギリス首相は、マーガレット・サッチャー、テリーザ・メイなど28人を数える。ノーベル賞受賞者は50人以上だ。学生は文武両道で、頭脳明晰というばかりでなくスポーツにも秀でており、オリンピックメダリストは150人を超える。

39のカレッジから構成されるカレッジ制を取るが、カレッジとはイギリス特有の制度で、大学を構成する学寮のこと。カレッジは独自に入学者の選抜を行う。オックスフォード大学の最初のカレッジは、「ユニバーシティー・カレッジ」で1249年に設立された。126

3年には「ベリオール・カレッジ」、1264年には「マートン・カレッジ」が設立されている。オックスフォードには、現在の天皇、雅子皇后両陛下も留学した。

ちなみに、かつてビル・エモットさんの著書『日本の未来は女性が決める!』(日本経済新聞社、2019年)に関して取材した。エモットさんによると、オックスフォード大学で女子限定カレッジの共学化を巡る議論が起きたのは1970年代にまでさかのぼる。今は一つも女子のカレッジはないそうだ。アメリカでは、1999年にハーバード大学が、100年以上姉妹校としてきた女子大、ラドクリフ大学を合併した。日本では、数年以内に東京大学がお茶の水女子大学を合併するのが望ましいとエモットさんは著書の中で明言している。

「オックスブリッジ」として並び称されるケンブリッジ大学も名門中の名門だ。ケンブリッジが自由度が高いのに比べて、オックスフォードの方がより伝統的といわれている。

何のための勉強か

オックスフォード大学はロンドン郊外のオックスフォード市にあり、ロンドンからバスに1時間強揺られると、市内に入る。空に向かって鋭く切り立つ尖塔《せんとう》がいくつも目に飛び込む。

深い緑の田園風景の中に伝統と歴史を感じさせる建物が並ぶさまに圧倒される。古い建物と周囲の景色は見事に調和して、うっとりするほどの美しさだ。

オックスフォードには世界から観光客が集まってくる。いくつものカレッジの壮麗な建物や目に染みるような緑の芝生を眺めるだけでも、行ってみる価値があるのだろう。街全体が映画の舞台になりそうで、実際カレッジの一つ「クライストチャーチ」の大食堂は、世界で大ヒットした映画「ハリー・ポッター」シリーズの中に登場する。

8月にオックスフォードを訪れた時は、中国人の中学生ほどの団体が整然と列を作って歩いていた。男女生徒は色とりどりのリュックを背負いスニーカーを履き、ガイドの案内に従って、右を見上げたり左を眺めたりしながら進んでいた。この機会にあこがれをつのらせ、将来留学する生徒が出ることだろう。

オックスフォード大学のアシュモレアン博物館。1683年の設立で、世界最初の大学博物館。大英博物館ほど規模が大きくないので、一日で見て回れる。

さて、キャンパスで一人の学生に、「あなたは、いったい何のために勉強するのですか」と質問した。おそらく「自分の夢をかなえるため」とか、「才能を伸ばしたいから」と答えるだろうと予想した。難関大学の入学資格を勝ち取ったのだから、その特権を自分のために使うのはごく当たり前と捉えているのではないか。しかしイギリス西部のバース出身という男子生徒は、「大学に行けなかった人のために学びたい」と答えたのだ。迷いなどみじんもなかった。シンプルで率直。自分は恵まれていて、大学に入れた。経済的事情など、さまざまな理由で入れなかった人のために学びたいと目をきらきらさせながら即答したのだった。

4・3　高貴さは義務を強制する

基本的な道徳観

自分は恵まれた立場にいるから、それを恵まれない人のために使う。これこそ、ノブレス・オブリージュであろう。ノブレス・オブリージュを直訳すると、「高貴さは義務を強制する」である。一般的に、財産、権力、社会的地位の保持には、義務が伴うことを指す。身分の高い者はそれに応じて果たさねばならない社会的義務があるという、欧米社会における基本的な道徳観である。もとはフランスのことわざで「貴族たる者、身分にふさわしい振る舞いをしなければならぬ」の意である。

最近では、主に富裕層、有名人、権力者、高学歴者が「社会の模範となるように振る舞うべきだ」という社会的責任に関して用いられる。ノブレス・オブリージュは、貴族に自発的な無私の行動を促す明文化されない不文律の社会心理といえるかもしれない。基本的には、心理的な自負・自尊であるが、それを外形的な義務として受け止めると、社会的（そしておそらく法的な）圧力であるとも見なされる。ただ法的義務ではないため、これを為さなかった事による法律上の処罰はないが、社会的批判・指弾を受けたり、倫理や人格を問われたりすることもある、とされる。

王室・貴族とノブレス・オブリージュ

フランスから始まってイギリスに、そして欧米社会に浸透したノブレス・オブリージュ。

エリート階級に属する人は、いざという時には命を犠牲にする覚悟さえ求められる。王族メンバーが軍隊に所属していて、いったん戦争となると真っ先に戦地に赴くのもその例だろう。これはノブレス・オブリージュの究極の姿かもしれない。

1982年、エリザベス女王の次男アンドルー王子は22歳の時、アルゼンチンとイギリス間のフォークランド紛争の際に最前線に赴いた。アルゼンチン軍のミサイル、エグゾセの囮《おとり》になるヘリコプターにパイロットとして乗り込んだ。イギリスの空母インヴィンシブルにミサイルが命中しないように、海面スレスレでホバリングする。ミサイルが近づいたら、素早く上昇して逃げるというかにも危険な任務であった。王子が無事に帰国した時は、英雄として迎えられた。国民は歓喜して王子をたたえた。

かつては女王自身も、第二次世界大戦中、他の隊員と同じように訓練を受けて軍務に従事した経験がある。車両整備や弾薬の管理をこなし、大型免許も取得した。アンドルー王子の例のように、ロイヤルでも戦場に行くことに驚いた人もいるかもしれないが、これはノブレス・オブリージュの実践なのだろう。目に見える形で国民に示している。

しかし、アンドルー王子は大歓迎に有頂天になってしまったのだろうか。何をしても許されると思い込んだのか、こともあろうに悪名高いアメリカ人、ジェフリー・エプスタイン

（1953年ニューヨーク生まれの実業家で大富豪。10代の少女らへの性的虐待で逮捕され、裁判開始前に自殺したとされる）と知り合いになった。

エプスタインは、貧しい未成年の少女を集めて売春をさせる組織を運営していた。顧客に、クリントン元大統領やトランプ前大統領の名前が挙がる。その中にアンドルー王子も含まれていた。パパラッチの撮った写真にはエプスタインの邸宅の裏門をごくわずかに開けて、帰っていく少女に手を振る王子が写る。

さらに、少女のむき出しの腰に手を回した笑顔の王子が写る写真もある。王子は認めないが、彼がエプスタインの紹介した少女を買春した疑惑は濃くなる一方である。王子には離婚した後も付き合うセーラ妃との間に、ベアトリス王女とユージェニー王女がいるが、姉妹はそろって「父を信じる」と強調する。

アンドルー王子はついに、買春疑惑の幕引きを図って、2019年11月16日にBBCの番組に登場、単独インタビューに応じた。これで決着をつけるつもりだった。しかし結果はさんざんで、非難と嘲笑を買った。英王室情報サイト、ロイヤル・セントラルは、インタビューについて「列車事故程度のものと思っていたが、「飛行機が石油タンカーの上に墜落して津波を引き起こし、核爆発を誘発させたくらい悪い内容だった」とツイートしている。

インタビューでは、性的虐待で逮捕されたことがあるエプスタイン被告の自宅に滞在したのは、「便利だから」で「栄誉あることだった」と王子は説明した。当時17歳だった女性と性的関係を持ったとされている夜は、ベアトリス王女とピザレストランで開かれていたパーティーに行っていたと話した。しかしこれは確認されていないので、アリバイにならないとされる。

王子が少女の裸の腰に手を回している写真はねつ造されたものであって、まったく知らないと関与を否定した。また少女が「アンドルー王子は私とダンスをした時、汗だくだった」と述べたことには、「ありえない。フォークランド紛争当時に注射された医療の影響で体調が悪く、汗をかけなかった時期だった。アドレナリンの過剰投与のような状態だ（だから彼女の言い分は間違っている）。今はその症状は治まった」と言った。しかし、すぐに翌日の夕ブロイド紙には、当時わきの下に汗をにじませた王子の写真がアップになった。「誰でもすぐにわかるうそをついている」と訴えたのだ。ロンドン大学の皮膚科の教授は「アドレナリン過剰投与があれば、汗は増えこそすれ減るのは考えにくい」と述べた。

アンドルー王子は、王位継承順8位（2021年4月現在）。エリザベス女王と兄のチャールズ皇太子は、王子に「公務からの引退」を申し渡した。王子の性的スキャンダルが、王室全体のイメージを落とすのを防がないといけない。王子の給料は年間3500万円ほどであった。これは、公務に伴って公的資金から支給されていた。公務がなくなったので、支払いは消滅する。王子は、女王からの個人的援助に頼ることになった。

また、王子は200近いチャリティー団体のパトロンを務めていたが、団体は次々と自発的に関係を解消した。また大学の名誉職をいくつも引き受けていたが、これもまた「王子と関係を絶ちたい」との申し入れが続いた。ロイヤルにとって、絶縁の申し入れほど不名誉なことはないだろう。

またヘンリー王子はアフガニスタン派遣の任務につき、うかつにも「タリバン戦闘員を殺害した」と口をすべらせたために、命を狙われているとも伝えられている。英王室のロイヤルは戦争に参加するのが伝統だ。貴族や王族は身分が高いだけに、いざ国難となると駆け付け、命もいとわないという姿勢を見せる。貴族は普段は庶民とは比べ物にならないほどよい生活をしている。それは一般から見ればぜいたくと思われるほどだ。しかしいったん戦いが起きれば、普段は贅沢三昧していたように見える貴族階級が命を懸けて立ち向かう。階級社会を保つバランスなのかもしれない。

ただロイヤルの戦地に向かう様子を見ると、やはり次男以下の役目であるようだ。アンドルー王子の兄のチャールズ皇太子、ヘンリー王子の兄ウィリアム王子はやはりというべきか、軍の経験はあっても、戦場の危険な場所には赴任していない。そのことをウィリアム王子は気にして、弟のように戦場に行きたかったと話したことがあった。

『王室・貴族・大衆』（水谷三公著、中公新書、1991年）によると、第一次世界大戦におけるイギリス貴族の戦場での死亡率は、18・9％に達する。ところが、同大戦の全将兵の平均死亡率は8～9％であったという。貴族は最前線に出て堂々と戦うことを強いられたのであろう。特権はまさに責任を伴うのだ。そのために、戦後は貴族社会の年齢層のバランスが崩れたといわれている。

恵まれた者は社会に還元すべき

恵まれた者は社会に還元すべきとの考え方は、イギリスの上流層だけのものではない。王族も貴族もいないアメリカでは、ビジネスなどでの成功者がこの役を引き受ける。

マイクロソフトの共同創業者ビル・ゲイツ氏（1955―）は夫人とともに「ビル&メリンダ・ゲイツ財団」（2000年に創設された世界最大の慈善基金団体。なお、ビル・ゲイツ氏とメリンダ・ゲイツ氏は2021年5月に離婚を発表。財団はそのまま維持する）を立ち上げ、主にビジネスで得た富を財団に入れて、運用金で社会的活動を展開する。映画俳優も例外ではない。アンジェリーナ・ジョリー、マット・デイモンなど多くの名前が挙げられる。慈善活動にまったく手を染めていない成功者や有名人は探すのが難しいくらいだ。

しかし、日本では、そうした成功者の社会還元はまだ少ないようだ。単発の支援で終わりとするのではなく、財団を設立して長く支援していく組織がなかなかできあがらないとか。成功した後に社会還元して、尊敬されあこがれの対象になった例を、寡聞《かぶん》にしてあまり知らない。

アメリカなどでは成功すれば何らかのチャリティー活動を行うのが当然であり、それが誇りであり名誉でもある。逆に何もしなければ、社会的に尊敬されない。地位のある人や裕福な人なら率先して社会貢献しなくてはいけない。

4・4　ギャップイヤー

一年ほどの「モラトリアム（猶予期間）」

イギリスのギャップイヤーという制度を紹介する。これを経験すると、学生がノブレス・オブリージュに目覚めることが少なくないといわれている。制度といっても法律などで定められているわけではない。ギャップイヤーのギャップとは「すき間」のことで、ここでは高校と大学の間のことを指す。高校卒業後大学合格を確かめた後に、そのまま大学に入学するのではなく一年間ほどモラトリアム（猶予期間）を取る。これをギャップイヤーと呼んでいる。

イギリスでは17世紀ごろから貴族など上流階級の子弟がヨーロッパ各地の都市を訪ね、博物館や美術館などを見学し、ワインを味わうなどして見聞を広めた。彼らは一回り成長して帰国するところから、大人への通過儀礼といわれたものだった。この「グランド・ツアー」と呼ばれるものにはルーツがある。

1726年刊行の『ガリバー旅行記』（ジョナサン・スウィフト）では、それに触れた部分がある。

貴族の家や、紳士階級でも上のほうに属する家では、世間を見て回ることで人格を磨き、人のふるまいや作法にも通じるようにと、子弟を相手国に送り出すのが習慣となっています。（朝日新聞に２０２０年６月から柴田元幸氏の新訳で連載されている小説『ガリバー旅行記』による）

柴田氏は、この部分について注釈を付けた。

「グランド・ツアー」といって、当時の英国上流階級の子弟は、フランス・イタリアを中心にヨーロッパを周遊して見聞を広めるのが習慣だった。

現代のギャップイヤーの始まりは、１９６０年代とされる。大学が学生に与えたのではなく、学生から実社会を見てから大学生活を始めたいとの希望が寄せられ、それを大学が認めたことから広まった。またその後は使い方が次第に多様化して、大学一年生を終えたところでギャップイヤーを取ったり、大学卒業後、大学院に進む前に使ったりすることも可能になった。広い世界を見て経験を積み、視野を広げてやりたいことを探し当て、これからの学びの場に具体的な目的意識を持って戻ってくるという。

仕事、旅行、そしてボランティア活動

ギャップイヤーの一年間でいったい何をするのだろうか。それは、大きく三つに分かれる。仕事、旅行、ボランティア活動だ。学生のほとんどがこれらを組み合わせる。発展途上国に赴いて、その国の子どもたちに英語などを教えながら暮らし、その国のためにボランティアをするというのが典型的な例だ。滞在した国の文化を知り言葉を習得する例も多い。選ぶ国は、カンボジア、ベトナム、インド、ネパール、チリ、アルゼンチンなどで、今は中国が人気を集めている。一年間の最初の半年に仕事をしてお金をため、その後の半年に世界一周をするケースもある。好きなように使える一年間が、なんの条件も付かずにそっくり手渡されるのだ。

今では、旅行会社やNPO、慈善団体などが学生たちの希望に沿うように多様なギャッ

プ・スタイルを用意している。ギャップイヤー後の学生たちの成長は著しい。自主性が養われ、適応力が高まり、視野が広がる。これまでは机上の学問が多かったが、発展途上国に行き、恵まれない状況の中で暮らす人たちと触れ合うなどして、何のために大学で学ぶか目標が定まる。ギャップイヤーを経験した学生は、学ぶ意欲にあふれ大学での成績もよい。現在は、利用者の約6割が女性だ。ギャップイヤーは「道草の文化」ともいわれる。イギリスの成熟した社会の持つ余裕ならではは、かもしれない。世界を見ることにより、大学で学ぶ環境を与えられることがいかに幸せなことか、心に刻んで励むのだ。

このところ、企業内で働く人からも、ギャップイヤーを認めてほしいとの声が出てきている。一定期間働いた後に、自由に使える長期的な時間を与えられれば、きっと大きな実りをもたらすに違いない。

ウィリアム王子とヘンリー王子の場合

ウィリアム王子の場合は名門ボーディングスクール（寄宿校）イートン校を卒業後、スコットランドのセント・アンドリュース大学入学が決まった。しかしすぐに大学生活を開始するのではなく、一年ほどのギャップイヤーを取った。そして南米チリに行って恵まれない子どものための施設を建設するのを手伝ったりしている。肩に重い木材を載せて運ぶ王子の写真が紹介されたりした。

ヘンリー王子は同じくイートン校を卒業したが、大学に進まないで、陸軍士官学校に入学した。しかしこの時もすぐに士官学校に入らず、やはり一年ほどのギャップイヤーを取っている。アフリカのレソトなどに行き、野生動物の保護活動に取り組み、養護施設の子どもたちのために慈善活動をした。

イギリスでパパラッチに追われるロイヤルの生活より、アフリカの開放的な暮らしがよほど楽しかったようで、「アフリカは僕の第二の故郷」と王子は繰り返している。その後もヘンリー王子はアフリカにしばしば出向いて、チャリティー活動を行う。ギャップイヤーでの出会いが一生の方向付けをしたのだろう。

思わぬトラブルも

ただ、ギャップイヤーを取得する学生が増えるにつれ、訪れた先で事故や事件に遭遇するようにもなってきた。現地の事情をよく知らないまま行動してしまうと、思わぬ事故にあったり、事件に巻き込まれたりする。訪れる国の気候や習慣、伝統、食事、宗教などについて十分に情報を取り、念入りな準備をするよう、大学などが呼びかけている。特に、大学は国別に体験者が経験を話し質問に応じる機会を用意しているので、希望者は参加することを強く勧めている。女子学生については、イギリスではごく一般的な服装が現地では問題視され、思わぬトラブルを引き起こすこともある。できる限り現地の情報を集めるよう声をかけている。

アメリカでも

ギャップイヤーはイギリス発祥だが、今ではアメリカでも一部で行われている。オバマ元大統領の長女マリア・オバマさんが、ハーバード大学に入学する前に一年間のギャップイヤーを取ったことが話題になった。

アメリカではギャップイヤー取得はまだ一般化するまでには至っていないが、ＮＰＯ国際教育交換協議会（ＣＩＥＥ）によると、ハーバード大学では、ギャップイヤーを経験した入学生が過去10年で33%増えたそうだ。これは、ハーバード大学のユニークな合格通知の影響も考えられるという。大学は合格を知らせる時に、可能であればギャップイヤーを取るようにと勧めるそうだ。

ボランティアや旅行、仕事などいろいろな選択肢があるが、どれを選んでもギャップイヤーは人生を豊かにし、その後の学生生活によい影響を与え、人間的にも大きく成長させてくれる。

日本の場合

2015年8月「大学ジャーナルオンライン」によると、日本では東京大学と国際教養大学（秋田県）ですでにギャップイヤーは実施されているが、神戸大学など大学10校と長崎短期大学などの計12校が国の選定と補助を受けて導入することになった。

東京大学の「FLY Program」を紹介する。

FLY Programは、入学した直後の学部学生が、自ら申請して1年間の特別休学期間を取得したうえで、自らの選択に基づき、東京大学以外の場において、ボランティア活動や就業体験活動、国際交流活動など、長期間にわたる社会体験活動を行い、そのことを通じて自らを成長させる、自己教育のための仕組みです。（東京大学「FLY Program について」より引用）

日本でも、ギャップイヤーが定着して、学生が実体験を通して大きく成長することを願っている。

日本にノブレス・オブリージュは根付くか

大学に合格した学生は、それまでは勉学中心の生活を続けてきただろうと推測する。その長期にわたる座学から大きく離れて一年間のギャップイヤーを経験するのは、まずかなり楽しいだろうと想像する。さまざまな新しい体験から人生の目的が見えてくる例も少なくない。恵まれない人のために学ぶ精神は、この時に養われることもある。

就職に不利にならないかなどマイナス点を真っ先に心配するよりも、人生の貴重な寄り道、ギャップイヤーを前向きに捉えてみてはどうだろう。それについては、周囲もぜひ理解を持ちたいものだ。学生らが安心してギャップイヤーを楽しめるよう、社会がそろって協力する姿勢が大切だ。

＊　＊　＊

上野千鶴子・東大名誉教授の入学式の祝辞から、ノブレス・オブリージュ、ギャップイヤーまで話が広がった。これまで日本では助け合うといえば、親子や夫婦など家族内で行われることが多かった。それはそれで大いに評価されることだと思う。

しかし、その家族がかつての家族とは様変わりしている。未婚や離婚などでシングルの男女が増え、少子化と高齢化が同時に進み、雇用体系も変化している。さらに、コロナ禍は格差を拡大させる一方だ。

こうした劇的な社会的変化に対して、家族内だけで助け合いを完結させようとしてもおのずと限界がある。弱者に積極的に手を差し伸べる日本人をどう育てるか、私たちは早急に答えを出していかないといけない時期に来ているのではないか。孤独から人々を救う手立ても、その延長にあるはずだ。

第五章

ロンドンを歩けば

ロンドンを歩くのは楽しい。何の目的もなく、ぶらぶらするのが特に楽しい。それは、弱者にやさしい思いやりがあちこちに見られるからだ。

ただ道を歩いても、道を渡っても、スーパーマーケットに入っても、高齢者・障害者などに配慮した仕掛けがたくさん見つけられる。道路の横には誰でも一息つける寄付ベンチが備えられ、横断歩道には真ん中にアイランド（島）があって一休みできる。どんな小さなバス停留所でも、椅子が用意してあることがほとんど。電車は街の中を走らず踏切も街はずれに置かれるから、踏切事故などはまず聞かない。

そういえば、足腰の弱い人にはつらい歩道橋をロンドンではまず見かけない。暮らし全体を弱者の視点で捉えているのが伝わってくる。社会インフラとは、弱者のためのものなのだ。

5・1　人をつなぐ花の力

電車を降りると、まず目の前に

ロンドンの地下鉄を降り改札口を抜けて表通りに出ると、決まって目の前にフラワーショップ（花屋）がある。バッキンガム宮殿に近いグリーンパーク駅でも、ビッグベンがすぐそこにそびえ立つウェストミンスター駅でも、はたまた郊外の住宅地にあるハロー・オン・ザ・ヒル駅でも、駅前には水仙、忘れな草、カトレア、あじさい、ひまわりなどが顔をそろえる。

鉢植えもあれば、花束もある。花束はほとんどが5ポンド（約700円）前後で、安くはないが高価というほどでもない。地下鉄の混雑をやり過ごしたところで、赤や紫、黄色の花の笑顔が迎えてくれると、一気になごむ。

これは、駅を抜けてそれぞれ目的地に歩き出す前に、花を買い求める人がいるからだ。たとえば夫（妻）が駅前で花を買い、帰り着いた家で妻（夫）に手渡すのかもしれない。結婚

駅から出ると、まず花屋が目に留まる。

記念日や誕生日なら、絶対に持ち帰るだろう。また朝に花を買うのであれば、会社でお世話になった人にお礼として渡す。また、老人ホームや病院へのお見舞いの時にも花は欠かせない。高齢者や病気の人の心にぬくもりをもたらす大事なお土産だ。

季節の花をイギリス人は生活の中で手軽に使う。色鮮やかで香りのよい花は、人の心に独特な喜びと癒しと慰めを与える。そんな花の持つ力をよく知っているからだろう。上司、同僚、家族、友人はもとより、ボランティアなどへのお礼として花を贈るイギリスの習慣に、心温まる思いがする。日常の中に花が心を通わせる小道具として、上手に生かされている。

また、ロイヤルは住まいの庭園に咲いていた花をチャリティー団体に持参したりもする。ダイアナ妃は、難病の子どもたちが入院する小児病院を訪れる時、ケンジントン宮殿の庭に咲く忘れな草などをつんで持参、子どもたちを喜ばせた。

ハンギング・バスケット

イギリスでハイストリートといえば、街の目抜き通りのことを指す。長い一本道であることが多く、ここを歩けばたいていのものが手に入る。一般の専門店はもちろんだが、銀行、図書館、郵便局、チャリティー・ショップなども軒を連ねる。いつも人が忙しく行き交う場所で、それだけに友人や知人とばったり出会う機会も多い。再会を喜んで、ハグするティーンエイジャーたちの姿を見かけたこともあった。

ハンギング・バスケット。街の目抜き通りに花が飾られている。

ハイストリートには、春から夏にかけてハンギング・バスケットと呼ばれる花かごが飾られる。籐などで編まれた大きめのかごの中に、ペチュニアなどの花を入れて街灯などに吊るす。花はかごからはみ出しそうなくらいたっぷりと盛られていて、この花かご通りを歩くと皆さんそろって笑顔になる。自然に心が弾んでくるのだ。

たまたま早朝にハイストリートを通ることがあった。ふと見上げると、脚立に乗った男性がかごの一つ一つに口の長いジョーロを差し込んで水を注いでいた。新鮮さを保つためなのだろうか、かごからしたたり落ちるほどのたっぷりとした水量だった。とかく食べ物や服装などは質素で地味なイギリス人だけれど、こと花に関しては、かなりぜいたくなのである。

また、ハンギング・バスケットはハイストリートだけに見られるわけではない。一般家庭の玄関にも飾ってある。正面玄関の左右にぶら下げてある。あふれんばかりに花が盛られ、豪華だ。家庭の人はさぞ花好きなのだろうと想像するのも楽しい。

チャリティー・ショップがあちこちに

ハイストリートを歩いていて驚くことがある。それは、チャリティー・ショップがあちこちに見つかることだ。一般の小売店と堂々と肩を並べて、オックスファムやハート・ファウンデーション（心臓病の人を助ける組織）、ホスピスなどが開店している。

店に入ると、ボランティアの人たちが売り子として相手をしてくれる。皆さんそろって親切で、熱心に商品を紹介する。ボランティアはかなり忙しそうだ。まず、店前に置かれていった黒い大きなビニール袋に詰められた品々を仕分けする。一品ずつ値付けして、店のウィンドウに飾り付ける。品物を店内の棚に置いたり、ハンガーにかけたりする。商品の多様さにはいつも目を見張る。シャツやスカート、ベルトや靴、アクセサリーに帽子と、ないものはない。ブラジャーだってあるし、下着のパンツだって置いてある。私はさすがに下着には手が出ないが、陳列してあるところを見れば、購入する人はいるのだろう。子どものおもちゃも絵本もある。本もレコードもだ。対象は高齢者から赤ちゃんまで、品物の幅が広い。

客も途切れることがない。一つ一つ品物を手に取って物色している。店員と話し込む女性もいる。試着室も備えてあり、よく使用されている。値段は傷み具合などで値付けされているが、ほとんどが半値以下だ。

貧困と不正を根絶するための持続的な支援・活動を90か国以上で展開する慈善団体「オックスファム」の店舗。

ある日本人が、「イギリス人の着ているものはいつも薄汚れていて、くたびれている」とコメントしたが、それはおそらく中古品だからではないだろうか。何人もが着用すれば、やはりそれなりに傷むだろう。

しかし、イギリス人は誇らしく中古品を身

に着けていて、恥ずかしいといった気持ちは持っていない。自分が買うことによって、アフリカの貧しい国になにがしかの援助が届き、心臓病の研究が進み、ホスピスなどの施設に何らかのヘルプができるのだ。恥じる必要などあろうはずがない。イギリス人は少々糸がほつれていようが、色落ちしていようが、それは善意のあかしとばかりに胸を張って寄付品をまとうのである。

5・2　心遣いの形

寄付されたベンチに書かれていること

イギリスでは、歩いているだけで心温まるものに出合える。街中の道路を歩いていて、ふと気が付くのは、横にベンチが置いてあることだ。

「ちょうど一休みしたかったところ。ありがたい」と座ったベンチの背中を見ると、何やら文字を彫り付けた金属板が取り付けてある。読んでみると「家族から深く愛された父の思い出に」とある。亡くなった父親の遺言なのだろうか、それとも残された家族の気持ちなのだろうか。父親と寄付した家族の名前が記してある。

また近くの公園に行くと、そこにもベンチだ。ここにもまた、「私たち2人がしばしば歩いた楽しい思い出を記念して」とある。夫婦で公園を散歩したのだろう。夫が亡くなって、妻が思い出にベンチを寄付したに違いない。夫が寄付するように言葉を残したのだろうか。

ベンチには公園にやってきた人がゆったり座ってくつろいでいる。一人で新聞を広げている人もいるし、カップルが話し込んでいる時もある。何だか、少々古びたベンチが光り輝いていて、貴いものに見えてくる。ベンチに座るだけで、自分は一人ぼっちではないとぬくも

（上）イギリスでは、いたるところにベンチが置いてある。（下）ベンチには「亡くなった人の記念に」と記してあった。遺族の寄付と思われる。

りを感じることもできる。見知らぬ人とつながれる。自分たちのよい思い出をベンチという見える形にして、別の人たちに使ってもらう。幸せを自分だけにとどめず、おすそ分けする心遣いが、イギリスにはあるようだ。

日本でもベンチの寄付はないことはない。住まい近くのショッピングセンター前の広場には、ベンチが置いてある。人々は座って水を飲んだり、スマホを眺めたりしている。それはそれで大いに役に立っている。てっきりイギリスのように個人が寄付したのかと思ったら、ある企業の名前が記してあった。

道を渡る時のちょっとした気遣い

車の往来が激しい道路を渡ろうとする時は、つい急ぎ足になる。信号を備えていない場合もあるので、高齢者はさぞ怖い思いをするだろう。

こうした時、イギリスは道路の真ん中に「アイランド（島）」と呼ばれる避難場所のような、休みどころが用意されている。当初は、そこで一時、歩みを止めるのがかえって面倒くさくて、一気に渡ってしまいたい気持ちに駆られたものだった。それが、年齢を重ねていくうちに、道の真ん中の「アイランド」がありがたく感じられるようになった。

　歩みが遅く渡りきれるか不安な時に、道の中に設けてある息を整える場所がとてつもなくうれしい。イギリスは日本と同じ「人は右、車は左」なので、島まで行く時最初は右だけを見て、島で息を整え、その次は左だけを見ればよい。これは大きな安心感をもたらす。イギリスの車はかなりのスピードを上げて走る（ような気がする）ので、渡りきれないうちに車が来るのではないかといつもヒヤヒヤするのだ。

道路の真ん中に一休みできる「島」がある。

　さらに、道路を渡る時に、車を運転していた人が車を止めて手を上げ「どうぞ、お渡りなさい」と合図してくれるのも、ありがたい。その時に運転手は男女ともににっこり笑って、手のひらを上にしてそのまま横にすべらせる。目を合わせた歩行者は渡り始めると、運転していた人に向かって笑い返し、手をちょっと上げてお礼の気持ちを見せるのだ。

　このやり取りを見るたびに、私はいつも感動してしまう。車を運転する人と歩行者との気持ちが通じた瞬間ではないか。「どうぞお通りください」「ありがとう」という声のないやり取りが、日常の中でさりげなく繰り返される。

日本では、小学生などが横断歩道を渡っている時に、腕をまっすぐに上げている。車の運転手の注意を惹《ひ》くためなのだろう。上げないと止まってくれない恐れがあるからだろうか。万が一を考え、念のために空に向けて突き上げるのか。手を上げて横断歩道を渡る小学生をイギリスでは見たことがない。

思い出すのが、ドアを次の人のために持っていてあげる習慣だ。自動ドアを日本ほど見かけないイギリスだが、ドアを押して通った後に、次に通る人のために支えておく。次の人が無事に通れることを確認して初めて、手を離すのである。もし後ろも見ずにドアを手放すと、次に通る人が思わぬけがをするかもしれない。

イートン校に取材で訪れた時のことだ。校舎内を通って、ドアを押して開けようとした時に、私の姿をふと見つけた一人の背の高い男子生徒が小走りで来てくれたうえに、そのままドアを支えて私が通るまで持っていてくれたのだ。

わざわざドアを開けに来てくれたことに感激した。思わず「ありがとう」と見上げると、(ハンサムな)彼は何事もなかったかのように少しほほえみ、「他に何かお手伝いすることはありませんか」とさらに聞いてくれたのであった。

イートン校といえば、ウィリアム王子もヘンリー王子も通ったパブリックスクール。生徒は頭脳明晰なのはむろんだが、実家は目が飛び出るような学費が払えるとあって、お金持ちが多い。王族や貴族の子弟もざらだ。もっとも最近は、門戸を広げ幅広く生徒を入れるべきとの声が上がって、奨学金でイートン校生になる例も増えてきた。それでも、ジェントルマンの卵たちは、ドアを持つために走って来てくれる。そしてごく当たり前のことをしただけと笑顔を見せるのだ。

イギリスの車は停車する

横断歩道では、イギリスの車は必ず停車する。日本では先ほども子どもが手を上げると書いたが、横断歩道を渡ろうとしても、車が止まってくれないのではないかといつも不安になる。

実際、日本の横断歩道でしっかり止まってくれる車はめったにないように感じる。立って待っている私を車の中から認めたはずなのに、止まることなくそのまま走り去る車がほとんどだ。

新型コロナの状況で確定とはいえないにしても、2021年に東京オリンピック・パラリンピックが開催される予定だ（2021年5月現在）。外国人が来日して道路を渡る機会があるだろう。外国人はほぼ間違いなく横断歩道では車はしっかり止まると信じきっている。思わぬ悲劇が起きないよう祈るばかりだ。

踏切のない街

さらに、街を歩いて気が付くことは、踏切がないことだ。街には地下鉄駅があるが、駅は人々の生活を邪魔しないように、街のはずれに位置している。電車が駅に着くと階段なしで改札口を抜け、そのままハイストリートに出る場合がある。

日本の場合、駅の改札口がそもそも東口、西口、南口、北口と4つの方角に分かれていることも多い。線路は街の真ん中を走っているので、高架でない限り線路を渡るという危険を冒さないといけない。時には、踏切が長く閉まっていて、しばらく待たされることがある。いわゆる開かずの踏切だ。朝のラッシュの時間帯には、会社や学校などに遅れまいとして、遮断機が降りているのに、長い横棒を手で無理に押し上げて渡ってしまう人が出てくる。これはかなり危険である。でも、待っていられないのだろう。また、その踏切の幅が長いために高齢者が渡りきれず、電車に轢《ひ》かれるという悲惨なケースさえある。

高齢者が杖をついていたり、小さなタイヤがついた手押し車を使用していたりすると、杖の先や小さな車輪が線路の溝に挟まって身動きが取れなくなり事故につながることもある。

イギリスの地下鉄の改札には、車椅子とベビーカー専用の入口がある。スペースが広いので安心して通れる。

イギリスの場合は、線路が人々の生活を分断するようにはなっていない。すべての線路をチェックしたわけではないので、中には街中を走る線路があるかもしれない。しかし、それは極めて例外的な存在であるだろう。日本で悲惨な踏切事故をニュースなどで知るたびに、街作りの根本的な改善を願ってしまう。踏切が街中にあること自体が、イギリス人には信じられないだろう。

椅子に座るレジの店員

スーパーマーケットに行くと、気が付くことがある。選んだ食料品などをカート（イギリスではトロリーという）に入れ終わると、支払いのためにレジに行く。カートの巨大さには驚くが、ほぼこの辺までは日本と同じだ。

さてレジに来ると、その光景に日本との違いを感じる。レジ係の人は女性でも男性でも、若い人も高齢者も例外なく皆、椅子に座っているのである。丸い回転する椅子の高さをそれぞれ調節して、腰を掛けたまま仕事をする。日本のように立ったまま商品をさばけば、どれほど効率がよいかと思うが、イギリスではそんなことは思いつきもしない様子だ。

スーパーマーケットで。レジ係は座って仕事。

スーパーマーケットに限らず、他の小売店でもおおむね店員は座って商品を計算する。座れば腰痛とか足のむくみなど、健康にもよいのではないか。ただ最近は「座りっぱなしは体によくない」という話も聞くが、立ちっぱなしも疲れるだろう。日本では座っているレジ係をまだ見たことがない。

これは、労働者の健康を考慮してのことなのか、それとも働く人が経営者に申し入れての決定なのか。スーパーマーケット側から始めたことなのか。今まで入ったスーパーマーケットは、どこでも座っているから、やはり何か約束事があるのだろう。スーパーマーケットのレジ係の人がゆったり座っていると、なんだかこちらもくつろげる。

ささやかな会話という潤い

さらに、スーパーマーケットのレジ係は新たな客に接すると、そのたびに目を合わせて笑顔で「こんにちは」と挨拶する。当初は店員から挨拶されるとは予想していなかったので、かなり戸惑った。日本では「かごをお預かりします」とは言われても、「こんにちは」と声をかけられたことは皆無だ。イギリスでは挨拶された客は、驚きもせず丁寧に「こんにちは」と返す。レジの人はこのように客一人一人に挨拶するし座ってもいるので、何かと時間がかかる。客一人当たりに費やす時間が日本と比べて圧倒的に長い。どうかすると客と店員の話が盛り上がって、双方が笑い声を立てることもある。

しかし後ろに列を作って待つ人たちは誰も咳《せき》払いなどしないし、チェッと舌を鳴らしたり、もちろん「早くしろよ」などと叫んだりしない。辛抱強くじっと立って待っている。そして、最後に店員と客とが「よい午後をお過ごしください」「ありがとう。あなたもね。ではさようなら」とまた丁寧に挨拶を交わし終わるまで、じっとそのままだ。客の多くは一刻も早く買い物を済ませるよりも、店員と挨拶したり話を楽しんだりする方を選んでいる。他の客は、前の客が話したいなら、邪魔をしない。そうさせてあげる。

また、セインズベリーズのような大きなスーパーマーケットだと、レーン（列）には種類がある。バスケット（かごのこと）だけの人と、大きなカートを押す人に分けているのだ。バスケットの人は「バスケットのみ」と札がぶら下がっている列に並ぶので、進みが速い。買ったものの多い少ないで列を特定する工夫がされている。

最近は、日本もそうだが、自動支払いができるセルフレジの店が増えてきた。これだと店員を通さずに、買ったものの合計を機械が示すので、それに合わせて支払う。これは機械操作が簡単ではなくて、しばしば店員が客から呼ばれる。自動支払機のそばで待機していた店員は、小走りでやってきて、すぐに解決してくれる。その時も客は「ありがとう」と声をかけるのを忘れない。すると店員は笑顔で頷くのだ。

　それでも、座ったレジ係ほど会話はできない。イギリスでは店員と話をするレジは減少してきているようだ。機械相手に支払うより、客と笑顔で話す店員がいるレジの方が私は好きだ。ごく短いささやかな会話でも、笑顔でやり取りすれば、その日一日心が弾むような気がするからだ。

＊　＊　＊

　イギリスで見かけた、あるいは気が付いた事例を思いつくまま並べた。

　いかに、弱者のための社会インフラが整っていることか。おそらく、私は気が付かないが、まだ他にも多く存在しているのではないだろうか。

　もちろん、日本はイギリスより進んでいるところがたくさんある。イギリスよりはるかに清潔で、しかも社会が便利にできている。能率がよくて、すべてが効率的だ。一般的に人は時間を守るし、物腰も丁寧だ。電車は時刻表通りにすべり込んでくる。到着時間が3分遅れようものなら、「大変に申し訳ありません」とアナウンスが入る。これには、友人のイギリス人が、「3分遅れに謝罪する！」と言って大変に驚いていた。

しかし、イギリスで暮らす心地よさは、社会的弱者が取り残されないようにという心遣いが形になって見えることだ。「社会がやさしくできている」と実感できる国がイギリスなのである。

第六章

弱者を切り捨てない社会

イギリスでは、弱者に対して目が行き届いていると感心することが多い。高齢者に無料パスが配られ、高齢者と障害者専用の無料バスが走り、障害児用におしゃれな服が並び、「ＬＧＢＴサンドイッチ」が人気を呼び、ＬＧＢＴの人にがん検診を勧め、企業がホームレスの人に住まいを提供、自閉症の人のための映画会が開かれ、がんの総合相談施設マギーズセンターがドアを開けている。

テレビでＢＢＣニュースの天気予報を見れば、腕の欠損した女性気象予報士が、明日の空模様を伝えている。それはことさら美談にもならないし、いじめの対象にもならない。レストランでは目の不自由な人にビールの入ったタンブラーを手を添えて持たせるウェイトレス……。弱者とともに暮らす日常は、どこでもいつでもごく自然に繰り返されている。

6・1　弱者と暮らす日常

BBCの天気解説を見ていたら

イギリスにいる時は、できるだけ英語に接するようにしている。イギリス、特にロンドンでは日本の食料品を専門に販売する店もあるし、和食レストランも多い。そこでは、すしや刺身はもちろん、ラーメンやおにぎりもそろっている。日本語で書かれたコミュニティー誌も毎週発行されている。かつてほどではないが、ロンドン住まいの日本人は少なくない。イギリス人と結婚している日本人女性を時々見かけたりする。

そうした中で英語に意識的に触れようと思えば、テレビが手っ取り早い。それもＢＢＣニュースをよく見る。イギリス人の英語は階級によってかなり違いがある。労働者階級の英語は聞き取れないことがしばしばだ。

それなら英王室のロイヤルの話す英語が模範かといえば、そうでもないらしい。「クイーンズ・イングリッシュ」はこれこそ正統なイギリス英語だと信じ込んでいたが、女王の英語は本当のイギリス英語ではないと言われている。イギリス英語でお手本とすべきなのは、公共放送ＢＢＣのアナウンサーの英語だそうである。午後1時と午後6時のニュースはできるだけＢＢＣ1にチャンネルを合わせて、アナウンサーの声に耳を澄ます。

ＢＢＣニュースは、日本と同じように最後の方に天候を知らせるコーナーがある。２０１2年、ＢＢＣスコットランド放送局のニュース番組にチャールズ皇太子がお天気キャスターとして登場して、視聴者を驚かせた。

ＢＢＣによると、スコットランド放送局のテレビ放送開始60周年を記念して企画されたそうだ。皇太子はまじめな口調で原稿を読みながらも、ところどころユーモアを込めたコメントを挟んで笑いを誘った。皇太子の意外な一面に好感を持った人も多かった。

私は、ある日いつものようにＢＢＣニュースを見ていた。時間の終わりの方になると、女性による天気の解説が始まった。その時、彼女の右手のひじから下がないことに気が付いた。見間違いかと思って目を凝らしたが、やはり彼女は腕の下がない。カメラは欠損した腕を隠すカメラワークではなく、ごく普通に映している。彼女はそのようなことに気を取られる様子はさらさらなく、明日の天気をきちんと説明して、役目を終えたのであった。

次の日あたりに、ＢＢＣの気象予報士が不自由な腕のままテレビに登場したと話題になると予想していたが、まったく人の口には上らなかった。大衆紙が面白おかしく書き立てた気配もなかった。身体障害者もＢＢＣに雇用され、そのままテレビに出て、天気を知らせる。そのことで誰も騒がない。静かに受け入れ、「素晴らしいことだ」と特に持ち上げてみせるわけでもない。

これならきっと、イギリスでは身体障害者は、美談にされたり、憐れまれたり、揶揄されたりすることはなく、そのまま受け入れられるのだろう。

BBCの気象予報士の女性は、ひじから下が欠損した方でした。

そういえば、オリンピックとともに行われるパラリンピックは、イギリスが発祥の地だ。起源は、１９４８年７月ロンドンオリンピック開会式と同日に、イギリスのストーク・マンデビル病院で行われたストーク・マンデビル競技大会とされている。戦争で負傷した兵士たちのリハビリテーションが目的のいわば運動会で、「手術よりスポーツを」の理念で始められたものだった。１９６０年には国際ストーク・マンデビル大会委員会が組織され、同年のローマオリンピック大会で、第９回国際ストーク・マンデビル競技大会が開催された。これが、第1回のパラリンピックとされている。腕が不自由な気象予報士に驚いたのは、私だけだった。

目の不自由な人へのウェイトレスの振る舞い

障害者が社会に溶け込んでいる様子を目撃するまた別の機会があった。イギリスは議院制民主主義の発祥地だが、現在は主に保守党と労働党という二つの政党が議会を担っている。街のコンサーバティブ・クラブ（保守党クラブ）は保守党員の集会所で、結婚式、洗礼式、葬儀などを行うホール、レストランを備え、他に宿泊施設もある。小さいながら庭園は手入れが行き届いていて、季節の花が顔をそろえる。もとは富豪の邸宅だったが、寄付されたそうだ。

誰でも利用できるレストランに入ると、ドアの上にボリス・ジョンソン首相の肖像画が飾られていた。トレードマークのくしゃくしゃの金髪へアーもそのままだ。向かいの壁には、ウィンストン・チャーチル元首相が葉巻をくわえている。二度の首相経験を持ち、第二次世界大戦ではイギリスを勝利に導いた。そして奥の壁には、マーガレット・サッチャー元首相がこちらを向いている。一段と高い位置を占めているのは、それだけ尊敬の念を集めているからだろう。

ランチで注文したサラダもハンバーグも、イギリスでは珍しく塩分を抑えた味で、かなりおいしかった。特に〝ボリス〟・バーガーが絶品だった。この街はジョンソン氏の選挙区なので、彼は時々足を運ぶ。レストランでは決まってハンバーグを注文することから、ボリス・バーガーと名付けられた。

ジョンソン首相が選挙区を訪れた時の様子。街を歩いて、人々と気軽に話す。筆者（右）は、ちょっとだけ話すことができた。

ハンバーグをほおばっていると、中年男性が3人入ってきた。一人は杖をついており、盲導犬も連れている。連れの一人が慣れた様子で彼を椅子に座らせた。ウェイトレスの女性が来ると親しく挨拶している。3人はビールを注文した。

ウェイトレスがビールを席に運んできた時、ある行動を取った。目の不自由な男性の右手をふと取って、ビールの入った長いタンブラーの真ん中あたりに持っていったのである。すると彼は「ありがとう」と言って、さっ

街の保守党クラブ内のパブ。右端に写っている女性が、目の不自由な方にビールがなみなみと注がれたタンブラーを持たせてあげた。

そく握ったガラスのタンブラーを口元に運んだ。そして、おいしそうに一口飲んだのであった。

隣の客の様子をじろじろ見るつもりはなかったけれど、ウェイトレスが客の手を誘導する手際のよさ、しっかりタンブラーをつかむ男性の巧みさ、おいしそうに喉を鳴らす様子、思わず出る笑顔まで、一部始終を目撃した。そして深く感心した。特別なことではないのである。目の不自由な人の手を、ビールの入った長いタンブラーに持っていき、握らせてあげることなどは。

ウェイトレスは、「やってあげた」といった表情を浮かべるわけでもなく、ビールの入ったタンブラーを倒すことなく無事に口に運んだ客も特別にありがたがるわけでもない。彼は、一言軽くお礼を言っただけだ。

なぜ、イギリスの人は、身体障害者などへの接し方をこれほどまでに心得ているのだろう。気持ちがあれば、自然に助けることができるのだろうか。毎日の生活の中で、助けを必要としている人にふと手が伸びる。「助ける」といった気持ちも意識しないまま、助ける。イギリスには、弱者に心遣いのできる人が多いのだろうか。

横断歩道で目撃したこと

信号待ちをしていた時だった。ようやく青色に変わったので、人々はいっせいに渡り始めた。赤色に変わる前に着いてしまおうとするため、歩行者は何となく早足になる。10人ほどが反対側の歩道に足を乗せたころ、一人の中年女性がふと振り返った。そしてまだ道の真ん中あたりをとぼとぼ歩いている高齢男性に目をとめた。信号は、青から赤に変わりそうだ。女性はすぐさま取って返し、男性に一声かけると彼のわきの下に腕を差し込んで姿勢を安定させ、一緒に歩き出した。2人が向かいの歩道に着いたころ、信号は赤に変わった。

すべてあっという間の出来事で、私はただ茫然と目の前で起きたことを見ていただけであった。高齢者と女性が渡り終わった時、やはり私と同じように2人の様子を見守っている人が少なからずいることに気が付いた。立ち止まって見続けている。さらに何か手助けが必要な事態になったら、走り寄るつもりだったのだろうか。2人の無事を見届けると、さっと踵《きびす》を返してそれぞれの方向に散っていった。

誰も何も言葉を発しなかった。高齢者が女性に短くお礼を言ったのが、かすかに聞こえたくらいだった。私は、日本ではなかなかこういうシーンを目撃する機会がないと思った。同時に、私自身に足が弱った高齢者を助けに戻る勇気がないのはなぜだろうと思ったのだった。

ベビーカーに駆け付ける

乗っていた電車が駅に近づいた。車内の乗降ドア近くには、ベビーカーに赤ちゃんを乗せた女性が立っていた。駅に到着してドアが開くと、女性はベビーカーを抱え上げてプラットフォームに降ろそうとした。

しかし、その時、電車に乗っていた男性が3人も駆け付けたのである。3人は協力して、赤ちゃんを乗せたベビーカーをプラットフォームにゆっくりと降ろしたのであった。女性は、3人の男性に丁寧にお礼を述べた。赤ちゃんはベビーカーに乗ったまま、男性たちの顔を見上げたり、女性の顔を見つめたりしていた。周囲の客もそれとなく見ていたが、母親がベビーカーを押して歩き始めると、それぞれ改札口に向かった。男性3人も、何事もなかったかのように散っていった。

イギリスでは、助けを必要とする人がいればヘルプするのが当たり前になっているのだろう。困っている女性を助けるのが男性としての心得なのだ。これを騎士道と呼ぶのだろうか。騎士は、勇敢で名誉を重んじレディーファーストを守る。忠誠、武勇に加えて、神への奉仕、廉恥、名誉、女性への奉仕などを大切にする。今ではもう騎士道などは、古くさい言葉なのだろう。しかし、ベビーカーを電車から降ろすのを手伝うために男性が走り寄る様を目撃すると、騎士道であろうと何だろうと、女性と赤ちゃんが安全ならそれが一番だと思った。

6・2　高齢者の味方「フリーダムパス」

電車や地下鉄などが無料

イギリスではただ街を歩くだけで、弱者にやさしい工夫があれこれ見つかる。弱者にやさしいということは、一般の人にもやさしいということではないか。

弱者にやさしいといえば、「フリーダムパス」がある。ロンドン地域限定ではあるが、名前だけでも元気が出そうな無料パスだ。日本人にはにわかに信じられないようなものが、60歳以上のロンドン市民すべてに与えられる。これ一つ持っていれば、ロンドンの電車、バス、地下鉄などが乗り放題で、すべて、ただ、なのである。

これを手にした時の高揚感は普通ではなく、さっそく青いビニールケースに入ったフリーダムパスを握りしめて、あちこち出歩くことになった。日本にいて交通費が無料などという経験は、これまでしたことがない。日本では周遊券、回数券、割引券などは使用したが、値段がいくらか割引になっても、まったくの無料ではない。

フリーダムパスの使い方

高齢者に勇気と元気を与えるフリーダムパスとはいったい何か。パンフレット「あなたのフリーダムパスをいかにして手に入れるか」によると、「フリーダムパスは、ロンドンのコンセッショナリー（高齢者や障害者、子どもなどのために料金を特別に値下げすること）のトラベルパスで、地域の自治体で手に入れることができます」と説明する。

パスは、ロンドンの大部分の公共交通機関で使用できる。ただし、ロンドン地区内のほとんどにおいて、平日は午前9時半以降のみだ。朝のラッシュ時を避けているのだろう。週末と祝日は一日中使用できる。

パスを手に入れるには、郵便局で申し込む。およそ2週間でパスは届く。

郵便局に申し込む時に持参するものは、次の二つ。

1　名前と年齢確認のために、次から一つ持参する。

現在使用中のパスポート、メディカル・カード、出生証明書、現在使用中の運転免許証、年金受給証

2　住所確認のために、次から一つ持参する。

現在の固定資産税（カウンシル・タックス）を証明する支払書などで、いずれも3か月以内のものに限る。電気やガスなどの請求書、銀行やクレジットカード関連の手紙など。写真も必要。カラーで、サイズはパスポートと同じ45ミリ×35ミリ。前向きの顔全体が写り帽子はかぶらない。

使用条件

1　パスの表に書かれている名前の人物のみが使用できる。他の人は使用してはいけない。パスは改札口で示す。交通機関を使用するたびに示す。

2　パスは、もし非合法なものだったりダメージを受けていたり、偽造されていたら使用できない。改札口で有効なものでないことや、正しく使用されていないことが判明したらスタッフが預かり、使用中止にしたり没収したりする。

3　すべてのサービスは、前もっての知らせなく変更されるものとする。

フリーダムパスは１９７３年にロンドン地区で始まった。これより以前にロンドンでは、バスのみの割引が設定されていたそうだ。当初はパスは紙製だったが、２００４年からコンタクトレス・スマートカードになり、使い勝手がぐんと改善された。

フリーダムパスを改めて手に取ってながめる。赤いリボンがカードに巻き付いているデザインで、まるでプレゼントのようだ。赤いバラの模様まであしらわれていて心が華やぐ。

無料パスで博物館へ

高齢者に無料パスを提供することは、高齢者をどれだけ励ますか。交通費が「ただ」となれば、痛む足腰を持ち上げてでも行ってみよう、となる。

キャサリン妃のパトロンのところでも触れたが（112ページ参照）、イギリスでは博物館や美術館が充実していて、しかも入場無料が多い。交通費は無料で、大英博物館、ナショナル・ギャラリー（ロンドンにある1824年に設立された美術館。2300点以上を所蔵。レオナルド・ダ・ヴィンチ「岩窟の聖母」、フェルメール「ヴァージナルの前に立つ女」、ゴッホ「ひまわり」などが必見）、ロンドン自然史博物館などが入場無料とくれば（特別展は有料。また寄付箱が設置してある）、頑張って行ってみようとなる。

大英博物館もロンドン自然史博物館も規模がとてつもなく大きいので、一日では見切れない。それぞれのコーナーに分けて、数回以上にわたって見学する必要がある。そんな時もフリーダムパスを使えば便利だ。さらにテート・モダン、ヴィクトリア&アルバート博物館、戦争博物館などがすべて無料だ。

交通費と入場料が無料となれば、ぜいたくなランチをしたり、お土産を奮発したりできる。

高齢者が腰を持ち上げるには「ただ」が一番。健康にもいいし、友人と連れ立って行けば話題も広がる。孤独とは無縁の近道は、交通費が「ただ」である。

ただ、フリーダムパスを問題視する向きもある。その金額を一般の交通費の値下げに回すべきだという。これはもっともだ。ロンドンの地下鉄料金はかなり高い。しかし、今のところフリーダムパスを廃止にはしないようだ。ロンドン市長選挙の結果でまたどうなるかわからないが、今のところ人気のフリーダムパスを廃止する勇気のある候補者はいない。

２０１６年、ロンドン市長にサディク・カーン氏が当選した。彼は、ＥＵ圏の首都において初のムスリム市長である。当選が決まると間髪を入れず「フリーダムパスを廃止するつもりはありません」と発表した。それを聞いた多くの高齢者が胸を撫でおろした。高齢者の足を奪わないで、との願いは切実だ。

高齢者のための無料バス

街を歩いていて、赤いミニバスを見かけることがある。車体が真っ赤なので目立つのだが、横には白い文字で「London Dial-a-Ride」と大書してある。

高齢者や障害者は無料の赤いミニバスを利用できる。

運転手の女性に話を聞いたら、高齢者のための無料バスだそうだ。条件は85歳以上であることで、前もって登録しておけば、前日に予約ができる。85歳以上の人の他に、目の不自由な人など公共機関を利用しにくい障害者も使用できる。

行く先は5マイル（約８０５０メートル）の距離以内に限られるが、それでも役所、コミュニティーセンター、ショッピングセンター、図書館などに無料で連れて行ってくれる。女性運転手は「もう19年も続けています。乗客の安全に特別な気を使うけれど、決まって感謝の言葉が聞けるやりがいのある仕事です」とほほえんだ。

6・3　寄付社会の弊害

強制寄付

イギリス社会では寄付活動が活発だ。それはそれでよいことなのだろうが、弊害もある。私は図書館で強制的に寄付をさせられたことがあった。図書館では、本ばかりでなくＤＶＤなども借りることができる。それで棚に並んだＤＶＤの中から、どれを借りようかと眺めていた時のことだった。

一人の女性が近づいてきた。マイノリティーで、しかも障害者である。口が引きつってうまく舌が回らず、ものが言いにくそうだ。足が悪くて引きずってもいた。ひどく湾曲している指でバインダーを持ち、挟んだ紙を前に突き出してきた。

よく見ると、住所と名前がずらりと並んでいる。彼女は、その例に従い私も寄付をして、名前を書くようにと言っているのだ。私は抵抗した。寄付はあくまで自分の意思でするものであって、強制されるものではないはずだ。彼女の言葉がよく聞き取れないこともあって、

「ノー」と言ってその場を離れようとしたら、彼女は思いがけず不自由な足をぐっと前に出し、行く手を阻んできた。目からは異様な光が放たれている。

障害者女性といっても背はかなり高く、力は強そうだ。怖くなって財布から5ポンド（約700円）出したら、受け取らない。「バカにするな」という表情だ。「もっとたくさん寄付するべきだ」と回らない舌で訴える。

私はもう彼女とやり取りするのがだんだんいやになってきた。怖くもあった。財布から10ポンド（約1400円）札を出して渡すと、今度は笑顔で受け取り、名前を書けとバインダーに挟んだ紙を出した。私はもう破れかぶれで、住所と名前を書いた。むろん偽である。すでに書き込んである名前もむろん偽物だろう。彼女は予定通りの金額を手に入れると、かなりの速さでその場を離れた。

公共図書館で、真昼間に、障害を持つ女性から10ポンドの寄付を強制された。当時、周囲に、何かおかしいことが起きている、と気が付いてくれる人はいなかった。イギリスの寄付文化が素晴らしいと感じることが多いだけに、残念である。

黙ってそのままにするのも悔しいので、図書館にメールで報告した。館長からすぐに「それは、大変に申し訳ありませんでした。無理に寄付金を要求するのは立派な犯罪です。地区の警察にもこの件につきまして報告します」との丁寧な返事が届いた。その後もまた図書館に行くことがあったが、彼女の姿は二度と見かけなかったし、また特別なセキュリティーが施された様子もなかった。

6・4　マークス&スペンサーの取り組み

海外にも展開する高級スーパーマーケット

高級スーパーマーケット、マークス&スペンサーは、「M&S」の名前で親しまれている。取り扱う商品は幅広く、肉・野菜や冷凍食品などから、アクセサリー、靴、カバン、新聞・雑誌、衣料品までないものはない。国内に300店以上を展開、海外にも約30か国に店舗を持つ。

イギリスのどの街にも、ほぼ間違いなくM&Sがある。食料品の棚には、スシやエダマメサラダ、タイの生春巻きなどが並んでいて、外国の食べ物への挑戦も怠りない。野菜や果物は新鮮だが価格は高め。それでも、夕方になると、棚から商品がなくなるほど人気がある。ただ、衣料品は対象年齢が比較的高く、40代以上が中心だ。10代から20代には「ダサい」と言われているようだ。デパートのハロッズのような超高級ではないが、安価なものを並べたスーパーマーケットとは格が違う。

ただ、衣料品も食料品も同じフロアに並ぶので、最初は戸惑ってしまった。食料品のすぐ横に靴が置いてあるのは、日本ではまず見かけない風景だ。かつては、インドなど英連邦の国からイギリスに出張した父親が、故郷で待つ妻子のために決まってM&S製品をお土産に買っていたという話を聞いた。あこがれのM&Sだったのだろう。現在は、インドにもM&Sは多数の店舗を構える。

障害児のための衣料品

M&Sが障害児のための衣料品の販売を始めて、好評である。通信販売のカタログ写真を見ると、ダウン症の少女が車椅子に座る。巻き毛を肩まで垂らしあどけない表情だ。着ているのはイーズィー（たやすい）・ドレッシング・フリル・トップ。簡単に着脱できるTシャツだ。

説明には、「特別な助けが必要なお子さんに合わせた特別な衣服を生み出しました」とある。たとえ栄養チューブを装着していても、脱ぎ着はごく簡単。また子どものデリケートな肌にやさしい素材の服もそろえる。いずれも、着ていて楽しくなるデザインだ。「両親も子どもも大のお気に入りになることは間違いありません」と謳う。

売り上げナンバーワンは、「イーズィー・ドレッシング・ピュアコットンボディスーツ」で、生後3か月から16か月までが対象。価格は600円から1000円ほどまでで、特に高価ではない。2位は「イーズィー・ドレッシング・フィッシャーマンコート」だ。補助車につかまる少女が着る赤いドレスのボタンは大きくて、数はわずか3つだ。

消費者レビューには、「車椅子に座ったまま着られて脱げるので、大助かりです」と親の感謝の気持ちがつづられていた。「友人に勧めますか」というM&Sからのアンケートには、なんと100%が「イエス」と答えた。「間違いなくライフセイバー（命を救ってくれるもの）です。息子は膀胱《ぼうこう》の病気ですが、彼のおむつをしっかり支えてくれます」。また、「7歳の孫息子が着ます。繊維の質がよいですね。どうぞたっぷりと在庫を用意してください」というのもあった。

障害児が兄弟姉妹と変わりなく、おしゃれを楽しめるように考えられている。医薬品などを入れるポケットが目立たないように工夫されていたり、手足が不自由で動きにくいことを考慮して、開口部を大きく取ったりしている。色のバリエーションも豊富だ。

ＬＧＢＴサンドイッチ

Ｍ＆Ｓでは２０１９年５月、「ＬＧＢＴサンドイッチ」を発売した。Ｍ＆Ｓのサンドイッチは長い棚の端から端までずらりと並んでいても、ランチ時には売り切れてしまうほど人気がある。多くがサーモン、ゆで卵、ツナ、ハム、チーズなどが挟まれているが、新たに発売されたＬＧＢＴサンドイッチの中身は、レタス（Lettuce）、ワカモレ（Guacamole／メキシコ料理のサルサの一種）、ベーコン（Bacon）、トマト（Tomato）。頭文字を続けて読めば「ＬＧＢＴ」となる。

LGBTの人のためのサンドイッチ。シンボルカラーの虹色があしらわれていた。

売り上げの一部は、性的マイノリティーの人たちに住居の提供などをするチャリティー団体に寄付される。「なんとすてきなアイディアでしょう」「意識して購入したい」「応援できるのがうれしい」との反応だ。

ＬＧＢＴの人のためのがん検査

ＬＧＢＴの人の健康面にも支援は向けられる。イギリス独特のＮＨＳ（国民保健サービス）については、称賛する人と手厳しく批判する人との差が大きい。

たとえば風邪で高熱が出たので、ＧＰ（かかりつけ医）に連絡して診察を依頼する。しかし、指定日は４日後。その間、市販の薬を飲んで寝ていると熱はやがて下がり、ＧＰの予約日にはすでに治っていた、という笑い話（のような本当の話）を聞いた。

誇張もあるだろうが、「ＮＨＳはあてにならない」「診察までに時間がかかりすぎる」といった苦情が多い。また出産時の費用は基本的に無料であることから、移民の妊婦が産婦人科に殺到して、肝心のイギリス人妊婦が廊下に持ち出された簡易ベッドに寝かされたという話も耳に入った。「私たちのＮＨＳを移民に乗っ取られた」との不満は、ＥＵ離脱に賛成する動機の一つになったのかもしれない。

一方で、知人の高齢イギリス人男性はがんを患った時、GPがすぐに総合病院を紹介した。手術は成功して、その後はリハビリに励む。「医者の技術は素晴らしい。すべて無料で手術もリハビリもやってくれた。NHSはイギリスの誇りだよ。感謝の言葉しかない」と繰り返す。またスポーツで足を痛めたイギリス在住の日本人男性は、NHSで手術を受けた。「うそのように痛みが消えました。これが無料とはありがたい」と言いながらも、付け加えた。

「ただ痛む足のままで3年待ったけれどね」

NHSは褒められたり、けなされたりする。

私がNHSで特に感心したのは、LGBTの人たちの健康に目を配ることだ。一般的にがんはNHSの予算を脅かしがちなので、検査を勧めるのかもしれない。それでも、細やかな気配りには頭が下がる。

地区のNHSクリニックに備えるリーフレットは、「性転換した人のための情報」を記す。それは、「乳がん検査」「子宮頸がん検査」「腹部大動脈瘤検査」「腸がん検査」の4種に分けられる。

＊

まず乳がん検査。GPに「女性」と登録すると、50歳から無料検査のお知らせが届く。その後3年ごとに70歳まで続く。

ではは性転換した人の場合はどうか。出生時は女性とされたが、その後男性に性転換して、GPには「女性」と登録した場合。GPからお知らせが届くが、胸の除去手術を受けず胸の細胞があるなら検査を勧める。

次は、同じ性転換をした人で、GPには「男性」と登録したらお知らせは届かない。もし胸の除去手術を受けていないなら、検査について問い合わせる。また、胸の手術を受けても細胞が残る時は検査を受ける。出生時は男性とされたが、その後女性に性転換した人で、GPには「女性」と登録した場合お知らせが届くが、長期ホルモン治療のため乳がん発症のリスクが増す。検査は必須だ。

同様に女性に性転換した人で、GPには「男性」と登録した場合、お知らせが届かない。長期ホルモン治療で、発症リスクは増す。GPに問い合わせた方がよい。もしお知らせが来ても、受けたくないならその旨を連絡する。胸に包帯を巻いている場合、検査時にははずさないといけない。プライベートな脱衣場も用意できるので、事前に申し出る。検査を受ける時は、誰でも「尊重されている」と感じられることが大事だ。もし予約時間を診察時間の最初や最後にしてほしいなら、アレンジしてくれる。

＊

次は、子宮頸がん検査だ。一般には無料検査は25歳から3年ごとに49歳まで、50歳から64歳までは5年ごとだ。まず、出生時は女性でその後男性に性転換、GPに「女性」と登録した場合はお知らせが来る。子宮を切除していないなら検査を受ける。同じ場合でも「男性」と登録したら、案内は届かない。しかし子宮を切除していないなら、検査を受けた方がよい。

出生時は男性で女性に性転換した場合、GPに「女性」と登録しても、子宮がないので検査は必要ない。GPに「男性」と登録した場合も必要はない。そもそも検査のお知らせを望まないなら、GPに伝えればリストからはずす。もし女性が男性に性転換したなら、長期間男性ホルモンを使用しているかもしれない。検査は不愉快で痛みを伴うことがあるので、医師や看護師にサイズの異なる検査器具や特別な潤滑油などの使用を申し出る。

＊

次は、腹部大動脈瘤検査だ。腹部大動脈の壁が弱くなったり伸びたりして瘤《こぶ》を作る。破裂すると死亡率は高い。瘤の早期発見がサバイバルのために必要だ。65歳以上の男性に多く発症するので、男性にのみお知らせを送る。しかし、女性に性転換した男性にも同じリスクがあるので、検査を勧める。出生時に女性とされ、のちに性転換して「男性」と登録した人は65歳の時に超音波検査で大動脈瘤のサイズをチェックすることができる。希望者は申し込む。

出生時が女性で男性に性転換、GPに「女性」と登録したらお知らせはない。同じ場合で、「男性」と登録したら届く。この二件はリスクは低いが検査を受けられる。出生時が男性で女性に性転換、「女性」と登録したら届かない。しかし、男性と同じリスクがあるので検査を勧める。性転換して女性になった人は、一般男性と同じリスクがあるので、検査を勧める。

＊

最後は腸がん検査。検査はある種のがんは見逃すかもしれないし、ある種のがんは治療できない。これを知ったうえで、受けるかどうかはあなたのチョイス。腸がん検査は二種。一つは内視鏡検査で、もう一つは家庭で行う検査キット。一般には男性も女性も55歳で内視鏡検査のお知らせが届く。その後、2年ごとに家庭での検査キットが60歳から74歳まで届けられる。

大腸の内視鏡検査では、医師か看護師がカメラが装着されたチューブを肛門から入れて大腸などを見る。ポリープが見つかれば除去する。もし性別適合手術（性別不一致、性同一性障害を抱える者に対し、当事者の性同一性に合わせて外科的手法により形態を変更する手術療法のうちの、内外性器に関する手術）を受けていたら、内視鏡検査は不愉快と思われる。ＧＰに事前に相談する。

リーフレットは２０１７年７月に初版が発行されている。ＬＧＢＴの人で性転換手術を受けた後に検査の知識があれば心強いだろう。ＮＨＳはすべての人の健康に目を配る。ＬＧＢＴの人も例外ではない。

企業のチャリティー活動

非営利の慈善団体ではなく、企業がチャリティー活動をする例もある。プレタ・マンジェ（Pret a Manger）とは、フランス語で「できたての食事」という意味。プレタ・マンジェ（サンドイッチを主力商品とするイギリスのファストフードチェーン。本社ロンドン）は、サンドイッチの他に、サラダ、カットフルーツ、コーヒーなどを販売する。店内の厨房で手作りされる商品は合成添加物、着色料を含まない。

創設者は大学で友人だった２人で、卒業後就職したもののビジネスマンがまともなランチをとれる店があまりに少ない状況に発案、１９８６年に１号店をロンドンでオープンさせた。

現在は国内で約300店舗、アメリカに約60店舗、他にパリや香港でも展開する。いずれもランチ時などには、大変な混雑だ。ヘルシーなうえに安心して食べられ味もよいと、人気が集まる。価格も他の店と比べて特に高くはない。私もロンドンではたびたび足を向ける。

プレタ・マンジェが、ホームレスの人たちに援助を始めたのは、ロンドンのヴィクトリアに第一号の店舗をオープンさせた時からだ。閉店時に残った商品をホームレスの人に渡したのだ。当初はわずかだったが、今や毎年イギリス全体で300万食にもなる。毎晩、数多くのボランティアがプレタ・マンジェの店に駆け付け、残った商品をホームレスのシェルターなどに届ける。

やがて、「プレット・ファンデーション（基金）」が商品の売り上げと顧客の寄付によって創立され、2008年には「ライジング・スター・スキーム」が開始された。一年に20万ポンド（約2800万円）ほどの予算で、路上で生活していた失業者に仕事を提供する。ホームレスの人に訓練を受けてもらい、希望すれば働いてもらう。ライジング・スター・スキームの助けで、10年で450人もが働くようになった。

しかし、途中で訓練を断念したり、また働くことを中断したりするケースも少なくなかった。理由は、アパートの保証金が用意できなかったり、家賃を払い続けられなかったりすることだ。それで、プレタ・マンジェは、住まいを用意すべき、と考えた。プロジェクトは、ホームレス救済に長く取り組むメソジスト教会と協働して行われた。

ホームレスに仕事と住まいを提供する

２０１９年に完成した「プレット・ハウス」は、原則一人一室である。清潔な共用キッチンと食堂があり、テレビが置かれゲームができるリビングもある。簡易宿泊所とは異なり、居心地のよい我が家のようにくつろげる。また、ボランティアや先輩から銀行預金などの経済知識、英語によるコミュニケーションの仕方、コンピューター・スキルなどを習う。最終的には、プレット・ハウスを卒業して自前でアパートを借りることを目指す。

プレット・ハウスに住む人は、１か月の給料から５５０ポンド（約7万７０００円）を家賃として支払う。ポイントは、前もっての保証金を支払う必要がないことだ。これを用意できないため路上生活を選ばざるを得ない人もいる。

プレタとしては、将来は現在の13の部屋数を倍の26部屋に増やすとする。入居者の中には、数年間も路上で暮らした人や、狭い部屋の小さなベッドを多くの人と共有した人、ロンドンから遠い地区に寝泊まりするため時間的に通勤が無理な人もいる。

プレタがホームレスに仕事と住まいを提供していることは、ガーディアン紙（2018年2月7日）やインディペンデント紙（2018年2月8日）などに紹介された。

当時のハウシング・アンド・ホームレスネス担当大臣ヘザー・ウィーラー氏は、「プレタの新しいホステルでは、頭の上に屋根があるばかりでなく、路上生活から抜け出すのに必要なサポートや、生活を立て直す援助が得られる。さらなる成功話が聞けるのを楽しみにしている」と言葉を寄せた。プレタ・マンジェは、社会貢献と同時に雇用も確保している。

6・5　アルツハイマー協会

国内最大規模のチャリティー団体

アルツハイマー協会は、高齢認知症患者のケアを支えるチャリティー団体として、国内最大規模を誇る。1979年に設立され、国内に250以上の支部を持ち、スタッフは約10

00人。認知症の啓蒙《けいもう》を進め、患者向けに音楽、ダンス、運動などの活動を提供する。同時に介護する家族などを支える。

2017年、協会のジェレミー・ヒューズ会長が来日した。東京・大阪での国際シンポジウム「認知症になっても安心して暮らせる街〜認知症フレンドリーコミュニティー〜を目指して」で基調講演（東京）を行った。認知症の人たちにコミュニティーがそろって手を差し伸べる具体例には胸を打たれる。今後さらに高齢者が増える日本にとっても示唆に富む。

認知症フレンドリーな社会を目指して

協会は認知症フレンドリー（認知症の人にやさしい）コミュニティーという地元・地域社会の推進を提唱する。まず、交通機関は使い勝手のよいものでなくてはいけない。バス停留所に設けられた座席の色は鮮やかな赤を用いる。認知症の人は色の識別が困難といわれるので、明るく際立つ色を意識して使用する。

認知症の人が店で買い物をして地元の活動に参加するためには、タクシーが重要な役目を果たす。ロンドンのタクシーといえば、有名なのはブラックキャブ（black cab　ルーツは17

世紀の辻馬車にまでさかのぼる正規のタクシー。ロンドン名物でもある）だが、ドライバーになるには、「ナレッジ」という厳格な試験に合格しなければならない。ナレッジには、数年前から認知症に関する設問が追加された。運転手は、認知症の人を乗車させる時に適切なサポートができるようになった。

ガトウィック、ヒースローという二つの国際空港でも、現在、認知症フレンドリーな環境を整えている。空港では、認知症の人は混乱して戸惑いがちだ。この時研修を積んだスタッフがサポートする。

国内では220の自治体と地域において、認知症フレンドリーコミュニティーのプログラムを実施している。たとえば、歌う能力は脳の一部で長く定着するので、会話能力を失っても維持されることがある。協会では合唱などの機会を提供して、楽しんでもらっている。交通機関や音楽だけではない。他にもさまざまな方法や活動で、認知症の予防や改善に関与できる。スポーツもその一つだ。また映画館で若いころに見た映画を見るのもよい。このごろは、高齢者向けの観賞会も催されている。

自由に移動できる物理的環境、動線の指標、色分けが重要だ。たとえば、施設のトイレのシートは強い色を選び、壁とシートが識別されるデザインにしている。

スーパーマーケットのセインズベリーズは、認知症の人のために「スロー・ショッピングデー」を設けた。この日店内では椅子を用意して、一休みできるようにする。普段よりも多くのスタッフを配置し、飲み物を準備して、買い物をする人がゆっくりできるようにする。認知症の人は、往来が激しい場所ではおびえがちなので、静かな環境を提供する。このイベントは認知症の人にとってよりよい環境になったばかりでなく、滞在時間が長引くことで、売り上げも増加したと報告されている。

ボランティア活動も重要だ。協会は「サイド・バイ・サイド」というボランティア・プログラムを新設した。孤独を感じる人に、ボランティアが友人のように寄り添う。当事者の趣味や嗜好に合わせて、ボランティアを組み合わせる。ボランティアは定期的に認知症の人を訪問する。

もう一つ、ビジネス界での取り組みについて。ガス会社のブリティッシュ・ガスでは、ガスの敷設や設置工事の作業員が各家庭を訪れる。この時、認知症の人は作業員がなぜ自宅にいるのか、わからないことがある。そこで、作業員が認知症の人の自宅で、なぜ訪れているのか、何をするのか、なぜ料金が発生するかを説明できるように研修を行う。作業員の認知症に関する知識を深めることで、安心して作業に協力し料金を理解してもらい、質の高いサービスを提供できるようにしている。
何よりもまず、プログラムの中に認知症の人を巻き込むことが重要である。認知症の人を中心に据えて、組織や態勢作りをする。協会として何をやりたいのかの優先順位を決定し、PR活動も怠らず、常に声を上げて広く知らせるようにする。

認知症フレンドリーな社会のために、それぞれの分野でそれぞれの人ができる範囲の努力をしているのがわかる。ただ、誰も無理はしていない。一人一人がたとえわずかでも、持ち場で何かを行えば、必ず大きな力になる。

図書館で行われる認知症の人のためのプログラム

図書館で、認知症の人のためのプログラムが行われているという。参加に資格や条件などはない。しかも無料だ。午前10時、図書館のエレベーターで三階まで上がると、部屋の真ん中に大きなテーブルが設置されていて、10人ほどの高齢者が囲んで座っていた。女性が8人で男性が2人だ。テーブルの向かいに、「アンです」と女性が自己紹介、手にはリモコンを握っている。ひとたびボタンを押すと、たちまちテーブルにカラフルな絵が現れる。まるで魔法だ。

まずは、「モグラ」ゲーム。画面に茶色の丸い穴がいくつか描かれていて、そこからモグラが顔を出したら、素早く手で叩《たた》く。それまで椅子に静かに座っていたはずのお年寄りが、がぜん身を乗り出して手を伸ばし、ありったけの力で叩くのだ。うまく当たると、モグラは穴の中にすっと姿を消す。日本で見る「モグラ叩きゲーム」そっくりである。当たればそのたびに数字が加算され、そのつど参加者からは「オー」「ワーオー」と雄叫び。叩く手が重なるほどの力の入りようだ。

図書館で行われる認知症の人のためのプログラム。テーブルの上にさまざまな図案が登場する。

アンさんが新たにボタンを押すと、「葉っぱ」ゲームが始まった。緑や黄色の葉がテーブルいっぱいに広がる。これは、公園を歩いた記憶をよみがえらせる。葉の陰には、愛らしい赤いテントウムシが隠れている。葉っぱをそっと指でかき分けて、出してやるのだ。これも人気がある。「ここにもいた」「あそこにもいるよ」と声をかけ合いながら、葉っぱをどかしてやる。するとテントウムシは驚いたように飛び出してきて、また違う葉っぱの下に急いで隠れる。とてもかわいい。

次は、「サンデー・ビーチ」。海辺で波の満ち引きが繰り返されているうち、波が引いた時に姿をちらっと現すものがある。いったい何だろう。それは、メガネ、くし、貝、ヒトデなどだ。それらを砂からかき出して、横にあるかごに収めていく。いったい何が出てくるか、宝物を探す気分だ。遠い昔、幼い時に海辺で遊んだのを思い出した。

「花」は圧巻だった。赤やオレンジ色のダリアが最初は小さくテーブルの隅に見えている。これに軽く触れると、花はみるみるうちに大きくなってくるくる回りながら開花する。思わず歓声が上がる。「ラブリー（きれい）！」と声に出す人もいた。皆さんから笑顔がはじける。

最も参加者が身を乗り出したのは、「ビーチボール」だった。赤、白、青、緑などのビーチボールを仲間に向かって投げる。自分の方に飛んできたボールは、相手に飛ばす。同じ人にばかりボールが行かないように、さりげなくボールの向きを変える人もいる。誰ものけ者にならないようにしているのだ。本当に認知症なのだろうか。参加者はそろってビーチボールの動きに集中する。アンさんが「ボールは絶対にテーブルから落ちませんからね。心配いりませんよ」と声をかけると、笑い声が上がった。

次々とテーマが変わり、息つく暇もない。ひっきりなしにテーブルの上の画面が変化して、まばたきさえできない。わずか50分ほどの時間だったが、私はすっかり興奮して終わった時はぐったりした。

それでも、アンさんは、参加者の動きから片時も目を離さない。リモコンを指で軽く操作しながらも、参加者に絶えず話しかける。あまりゲームに乗り気でなくて、声が出ない人に質問を投げかける。海辺の宝探しゲームの時には、「若いころ、夏の休暇はどこに行ったことがありますか」と聞いた。名前をファーストネームで呼ぶ。すると彼女は、少し時間をおいて、小さな声で「ブライトンに行ったわ」と答えた。ブライトンはイギリス南部にあり、海が近い人気の保養地である。するとアンさんは、「あそこはいいところよね」と笑顔で答えた。

また逆に、絶えず話す女性もいた。いっときも口を閉じることがなく、話し続ける。彼女に対しては、アンさんは「静かにしてね」と穏やかながらしっかりと注意した。テーブルの画面を見たり手を動かしたりしながら、皆さんはよく話す。昨夜見たテレビ番組について、「あれは、面白かった」などの感想を言い合ったり、「今週の週末は天気が荒れて、かなりの風雨になるらしい」「あら、せっかくなのに」などと話したりする。手は手で動かしながら、口は口で忙しく動かす。あっという間に終了した。

「マジック・テーブル」

その後、アンさんに話を聞くことができた。彼女のてきぱきした指導からてっきり資格を持つプロかと思い込んでいた。肩書きを尋ねて、申し訳ないことをした。彼女は「ケアラー（介護者）です」と短く答えたのだ。かたわらに立つ夫は認知症だった。それも若い時の発症で、もう15年以上もアンさんは夫の介護を続けている。それで、図書館で認知症の人のためのプログラムを開始すると知った時、手を挙げた。それなら、夫とともに参加できるし、夫によい効果をもたらすかもしれない。認知症の患者と長く暮らした経験から、助け方をよく心得ている。

「最初は5、6人の参加者で始めましたが、今では40人から50人です」とアンさんは誇らしそうだった。「普段は一人暮らしで、ここで話す以外には、まったく話さない人もいます。それではいけません。ここに足を運んで、ゲームに参加して、仲間と話したり笑ったりしてほしい。実際、2年前に始めた当初はほとんど話さなかった人が、今ではよく話すようになりました。うれしいです」とほほえんだ。

アンさんの声に力がこもったのが、「素晴らしいマシーンが助けてくれます」と話した時だった。花やモグラやボールなどを次々に映し出す機械だ。これはいったい何なのか。アンさんは「マジック・テーブル」と呼んだ。「ヨーロッパ大陸から来たものです」とも言う。

名前はTovertafel（トバータフェル）という。天井に備え付け、リモコンを押せばテーブルに映し出される画面が切り替わる。これを2年前に地区の自治体が購入した。アンさんは「6000ポンドだったと聞きました」と言うから、約84万円だ。シンプルだけれど、絵の色が鮮やかで、形も面白く、認知症の人も思わず引き込まれる楽しさだ。とかく無気力で、何事にも関心を示さず、喜びや感動などの表現が弱いといわれる認知症の人たちを上手に刺激するという。手を上下左右にすべらせ、手でテーブルを叩き、隣の人と話し始める。昔を思い出したのか、絵柄に関連した歌を歌い出した人もいたそうだ。目に光がともり、腕を思い切り伸ばし、笑みが浮かぶ。

トバータフェルは、オランダの医療技術企業Active Cues（アクティブ・キューズ）によって2015年に発売された。健康保持・増進のためデザインされたゲーム・コンソールである。装置には、高品質のプロジェクター、赤外線センサー、スピーカー、それにインターラクティブなゲームをテーブルに投影するプロセッサーが含まれる。これは、介護施設、図書館、学校などで使用される。対象者は、認知症患者、知的障害者、発達障害の子どもたちなどだ。

すでに、オランダ、ベルギー、イギリス、ドイツ、フランス、スウェーデン、デンマーク、ノルウェー、アイルランドなどで使われている。開発者は、オランダのヘスター・アンデリーセン博士だ。

博士は、中等から重度の認知症の人たちが活動的な生活を保つためには何が必要かの研究を行っていた。無気力になって、周囲との交流をやめてしまうのを食い止めたい。試作品をこしらえていくうちに、トバータフェルに行き着いた。英語名で「マジック・テーブル」という。同年に、博士はアクティブ・キューズという会社を創立した。本部はオランダのユトレヒト。オランダでは、いくつもの賞を受賞したそうだ。

日本では使用されているのだろうか。初めて操作する場合は、アクティブ・キューズが指導を行う。色が美しく、動きも回転や拡大など多様、テーマは身近で、いずれも過去の記憶と関連する。参加者同士が競い合うようなゲームもある。認知症の人に心地よい刺激を与える。協力や競争など、参加者同士の触れ合いも活発だ。試してみる価値はありそうだ。

認知症の人のための映画会

アルツハイマー協会会長が講演で触れていたが、イギリスでは認知症の人のための映画上映がトレンドである。イギリスの映画館協会はアルツハイマー協会と協力して、認知症の人のための上映日を設けている。以前から、赤ちゃんや幼児連れの親向けやシニア向けの上映会は各地で行われていたが、それに認知症の人向けも加わった。

映画館は、アルツハイマー協会のアドバイスに従って、方向感覚を失いがちな派手な柄のカーテンや深い穴に見える床の黒いカーペットなどはすべて覆った。音量を下げる一方で、照明は暗すぎないように調節した。

かつて楽しんだ映画は高齢者に思い出をよみがえらせ、記憶力をアップさせる。これまで人気があったのが「カラミティー・ジェーン（1953年）」と「雨に唄えば（1952年）」だ。いくつものアカデミー賞に輝いた「ラ・ラ・ランド（2016年）」も人気があった。孫と一緒に行くなら「ジャングル・ブック（2016年）」がお勧めだそうだ。

自閉症の人のために

自閉症の人にも努力が払われている。自閉症とは、幼い子どもに発生する発達障害で、症状として言葉の遅れ、特定のものへの執着、対人関係での孤立などを示すことが多い。原因は脳の機能障害によると考えられている。イギリスでは、自閉症の人のための映画上映会が催されている。音や光を抑え、刺激を少なくする。上映中でも立ったり座ったりができる。少しだけ工夫をすれば、自閉症の人でも映画を楽しめる、という。

これは、イギリスだけではなく、アメリカにもある。「sensory friendly（感覚にやさしい）」という言葉を付けた映画の上映や演劇などが行われている。感覚が敏感な人たちに配慮したイベントで、ミシガン州などの映画館では、発達障害や知的障害のある人のために月に1回「センサリー・フレンドリー・ショーイング」という上映会が行われているという。

特徴は、予告編なしで本編がすぐに上映されること。予告編が長すぎて、待ちきれずに癇《かん》癪《しゃく》を起こすことがないようにするのだ。音は普通の映画よりも低く抑えて、照明も真っ暗にはしない。暗くて映画館に入るのが怖いという子どもでも、安心できるようにする。また、上映中に話したり、大きな声を出したり、走り回っても大丈夫という。床に寝転がっても、映画は見ないで他のことを始めてもかまわない。

　こうした試みは、日本でもすでに行われているのかもしれない。日本の映画館で催される「ママズクラブシアター」は、館内の照明は通常より明るくして、音量を通常より小さめに設定している。赤ちゃんが泣いても、おしゃべりをしてもお互いさま、という。これは、小さな子どもを持つ両親に好評だそうだ。幼い子どもを持つ親が周囲に気兼ねなく映画を見られるのと同じように、自閉症などの人も映画を楽しめるとよい。

日本の映画館事情は？

　日本の映画館事情はどうだろうか。私は映画が好きで、ショッピングセンター内にあるシネコンに通っている。かつての映画館に比べると、座り心地もよく、くつろげる。料金は大人１９００円の設定だ。シニア割引、レディースデイ、ファーストデイ、レイトショー、夫婦50割引と、値引きする日が多く設けられているので、こういったサービスをできるだけ利用する。

　ただ、郊外から都市に次々と進出して来たシネコンのスクリーンは、現在全体の88％を占めるという。こうなると、巨大画面や高音質システムを維持する費用がかさむ。壁一面に広がる大画面と迫力のあるサウンドシステムが特徴のＩＭＡＸにも驚くが、さらに座席が上下左右に動いたり風や水が吹き付けられたりする４ＤＸも、もう珍しくなくなった。私などは座席が動いたりすると落ち着いて集中できないタイプだが、人気はあるらしい。技術の進歩は素晴らしいと感心するものの、認知症の人や自閉症の人なども映画が楽しめる配慮が、同時に進められることを願っている。

独自の「ショッピングタイム」

スーパーマーケットのモリソンズは、自閉症の人や聴覚過敏の人のためのショッピングタイムを設けている。とかくこれらの人は、スーパーマーケットで不快や不安な思いをしがちである。それで、土曜日の午前9時から1時間は、刺激を減らすために店内の案内アナウンスやバックに流れる音楽を停止した。自動レジから発せられる音を下げ、照明を落として静かで落ち着いた環境にした。自閉症の人が安心して買い物ができる時間を用意したのである。好評であるために、実施する店舗を増やすそうだ。認知症の人も自閉症の人も、周囲のわずかな工夫と協力で、ぐんと暮らしやすくなる。

6・6　マギーズセンター

注目のがん患者支援センター

イギリスでは、「マギーズセンター」という新しいタイプのがん患者支援センターが注目されている。「マギーズ」とは、「マギーの」との意味で、スコットランド在住だったマギー・ケズウィック・ジェンクスさんの名前から付けられた。

マギーさんは、父親が中国との貿易会社を経営する関係で、香港や上海に住んだことがある。イギリスに帰国してオックスフォード大学に入学した。卒業後、造園史家として本を出版するなど活躍していたが、ある日乳がんと診断される。治療に専念した結果、体調も回復して、がんからはすっかり解放されたと信じていた。

ところが5年後の1993年、背中の痛みを覚えて病院に行くと、医師からがんの転移が告げられた。余命は数か月という。治癒したはずのがんはすでに肺と骨髄に転移していて、打つ手はないというのだ。医師の冷静な宣告にマギーさんは頭が真っ白になって、何も考えられなかった。その時看護師が彼女にかけた言葉は、「次の患者さんが待っていますから、廊下に出ましょう」だった。

マギーさんは、2年後に夫と2人の子どもを残して54歳で亡くなった。彼女は、余命宣告を受けた後、がん患者を総合的にケアする新しいサポート施設を実現させることに集中した。経験したことや学んで得た知識から、がん患者が主役の施設こそ必要だと確信した。

たとえばトイレには、存分に泣ける場所と泣いた後に顔を洗うスペースがいる。さらに外の世界ともう一度折り合っていく準備をするための鏡がいる。十分な知識を得るためにがんについての情報をそろえた図書館も用意すべきだ。それらは、患者が前に歩き出すための力を与えてくれるはずだ。死の恐怖のために、生きる喜びを失ってしまってはいけない。患者の気持ちに寄り添い、実践的なアドバイスをくれて、また立ち上がれるように支える場ががん患者には絶対に必要なのだ。自分が常に真ん中にいて、がんの状態や治療方法などを正確に理解して選択し、決定を下せないといけない。それを全力で助ける施設こそ実現させなければいけない。

マギーさんの夫チャールズ・ジェンクスさん（２０１９年10月死去。享年80）は、建築評論家だった。１９７０—80年代に隆盛を極めたポストモダン建築の明晰な評論で、世界的に知られた存在だった。日本でも彼の著書が出版されている。世界に広がる夫妻の友人や知人などが彼女の遺志を継ごうと、協力を申し出た。

たちまち評判に

マギーさんは残念ながら見届けることはできなかったが、１９９６年エジンバラのウェスタン病院敷地内にマギーズセンターの第一号がオープンした。誇らしそうなマギーさんの胸像も設置されている。患者にとって便利がよいように病院内にはあっても、病院からは独立しており、センターを訪れたことが治療にマイナスに働くことはない。むしろ今では、医者がセンターの活動を高く評価していて、訪れることを勧めるという。

エジンバラのセンターはたちまち評判を呼び、２００２年にはグラスゴー、２００３年にはダンディ、２００５年にハイランズ、２００６年にファイフと、スコットランドを中心に立て続けに開設された。それは、がん患者が求めていたものがそこにあったからだろう。マギーさんの「がん患者としてではなく、一人の人間として見てくれるところがほしい」との願いがこもったセンターは、多くの人の心にまっすぐに届いたのである。

ところで、がんはイギリスでも日本と同様に死亡原因の1位を占め、その割合は27％に達する。がんにかかる人は全人口の3人に一人だ。人口が日本の約半数のイギリスで、毎年約30万人が新たにがんと診断される。新型コロナウイルスの前の調査ではあるが、イギリス人が恐怖の対象とするものは、ナンバーワンががんで、その次は認知症、心臓病、テロの順だ。マギーズセンターの扉を２０１２年には12万５０００人のがん患者らが叩いた。これはすべてのがん患者の４・５％に当たるという。

ロンドンの施設を訪ねてみると

２００８年に開設した「マギーズ・ウエスト・ロンドン」を訪ねた。ロンドンでは初めてのセンターで、ここも評判がよく、２００９年にミッシェル・オバマ夫人がロンドンを訪れた際に立ち寄り、「コミュニティーの宝は、いつも称賛されるべきです」との言葉を寄せている。

場所は、地下鉄ハマースミス駅から歩いて10分ほどのチャリングクロス病院の敷地内だ。正面から入ると、左手に鮮やかなオレンジ色の建物が目に飛び込んできた。中に入ると、広々としたスペースが広がり気持ちが晴れやかになる。遠くまで見通せる開放感と温かく包まれるような安心感を同時に覚えた。間もなく奥のキッチンから一人の女性が声をかけてきた。初めて見る私を怪しむ様子はない。「How are you?（ご機嫌いかがですか？）」と丁寧だ。しかもやさしい笑顔である。センターの総責任者バーニー・バーンズさんに取材予定と伝えると、すぐに知らせに行った。

ロンドンにある「マギーズ・ウエスト・ロンドン」外観。2009年にミッシェル・オバマ夫人も訪れた。

バーンズさんもまた、にこやかな女性だった。スコットランドの病院で専門看護師として働いていた時にマギーさんと親交があった。「彼女は光り輝く瞳の持ち主で、カリスマ性に満ちていました。がん患者のための総合的な支援場所がほしいという強い意志はたちまち共感を呼び、建設に向けて着実に進んでいったのです。私はセンターに関われることを誇りに思います」と話す。

建築の力

彼女は、「まずは建築の持つ力を感じるでしょう。センターはどこも斬新で魅力的なデザインの建物です。数々の賞を受賞していますよ」と胸を張った。

建築家の中には故黒川紀章さん（1934－2007）の作品もある。このセンターでは大きなオープンキッチンが据えられており、気軽にどこにでも座れる。愛らしい動物をあしらったクッションが並ぶ大きくて開放的な部屋がある一方で、戸が閉まる小部屋もある。多数の人とグループで話してもいいし、専門家と一対一の会話も可能。一人になりたければ一人にもなれる。部屋のサイズは一律ではなく、その人の状況に合わせてさまざまに用意されているのだ。

中庭も美しい。緑の木々が目にやさしく、ロンド

マギーズセンターの内部。病院建築が目指すべき姿を考えさせられた。

ンの中心地とは思えない静けさと穏やかさを醸し出す。部屋には自然光が降り注ぎ、心地よい風が頬を撫でる。居心地のよさが訪れた人たちを癒す。夫のジェンクスさんは、「病院は人にやさしくなり、さまざまな機能を融合したタイプになる。マギーズセンターは病院建築の一つの方向性を担っている」と書き記している。センターは病院のあり方を揺さぶるはずとの強い自負が伝わってくる。

特筆すべきこと

センターの活動は多彩であり、マギーさんが求めた安心感、慰め、穏やかさ、明るさ、やさしさが実践されている。まず、誰でも、どのようながんとの関わりの状況にあっても、予約なしに立ち寄れる。がんではないだろうかと疑う段階から、診断が下り治療を受ける前、治療の際の心構え、そして再発を防ぐ手段まで、がんを巡るジャーニー（旅路）のどこにいる人もすべて受け入れる。

ここでは、がんの最新医学知識を部位に応じて示し、治療の過程を説明する。がんの説明では、病態から治療方法までいくつもの医学用語が出てくる。患者にとっては耳慣れない言葉が多いので、意味から説明するという。病院で医師と向かい合う短い時間内では（イギリスでは平均約7分）理解が十分ではなく質問もしにくい患者が、次第に自分の身に何が起きたのか、また今後どのような選択が可能なのか、を見通せるようになる重要な過程といえるだろう。

他にも医療費などの経済的な悩みに答え、就労についての不安には解決策を示し、さらにがんと闘うためのバランスの取れた献立やエクササイズなどを具体的に教える。また患者の家族や友人などに対しても、患者との接し方をアドバイスする。そして遺族の悲しみにも寄り添う。何より大切にしているのは、がん患者本人の精神的な支えになることだ。つまり、がんに関してあらゆる支援を行う頼もしい心の拠りどころなのである。

スタッフには専門家も含まれるが、誰も白衣を着たり名札を下げたりしていない。訪問者に恐怖心や警戒心を起こさせるようなものは身に着けない。がん患者、家族、友人が自由にやってきてお茶を飲み、クッキーをつまむ。それでよいのだ。

もし希望するなら臨床心理士などに相談もできる。同じ部位のがん患者のグループの集まりに参加してもよい。栄養士に食事について聞き、ヨガ教室や太極拳などの実践プログラムに顔を出してトレーナーの指導を受けてもよい。

特筆すべきはチャリティーの認定を受けているので、すべて無料であることだろう。政府の助成金はなく、主に企業や個人からの寄付金で賄っている。センターへの感謝の気持ちを込めて、遺産を寄付する人も少なくない。また基金活動を専門にするスタッフもいて、こちらも活発だ。イギリスに根付いた福祉への深い理解と助け合いの精神が伝わる。

「あなたは一人ぼっちではない……」

バーンズさんは、インタビュー中にパンフレットを熱心に読む一人の男性に目を留めた。「失礼しますね」と断って席を外し、彼の元に歩み寄った。そして彼の質問に一つ一つ答えた。ごまかしたり、はぐらかしたりしない。誠意を込め時間をとっての対応である。彼は最初は暗い表情だったのが次第に笑顔に変わり、厚く礼を述べて帰った。

「彼は今日初めて来られた人でした」とバーンズさんは話す。その人が置かれた状況により少しずつ表現は異なるも

マギーズセンターのスタッフ。取材に温かく応じてくれた。

のの、共通して「あなたは一人ぼっちではない。一人で悩まないで仲間や専門家に話してみて」「まずしっかりがんについて学んでほしい」「死の恐怖のために、日々の生の喜びを忘れないで」といったメッセージを伝えるという。

また、私はセンター内で高校生や大学生を見かけた。彼らはインターンで、センターの仕事を経験しながら将来の職業のヒントを見つけるそうだ。ボランティアの方も次々と手伝いに来る。センターは、地区のコミュニティーに支えられているのである。

日本人女性Aさんが語る、「ここは第二の我が家」

日本人女性Aさんに話を聞くことができた。ロンドン在住35年ほどの彼女は、2002年に喉頭がんと診断された。放射線と薬剤などの治療を受け、順調に回復した。ところが5年後の検査で再発を告げられた。かなり大きな手術が必要で、その結果声帯が失われるかもしれないという。

Aさんは目の前が真っ暗になった。自分の生活や仕事はいったいどうなってしまうのだろう。そもそも本当にこれは私の身に降りかかったことなのだろうか。

彼女は病院の職員からマギーズセンターを紹介され、わらにもすがる気持ちでマギーズ・ウエスト・ロンドンの扉を叩いた。まだ本格的なオープン前だったが、バーンズさんが温かく迎え入れ、話を聞いてくれた。セカンドオピニオンを求めるようアドバイスされ、さっそく違う病院で検査を受けたが、結果は同じだった。それで彼女は納得、前向きな気持ちで手術を受けることができたという。手術後はバーンズさんに再会、センターで行われているアート教室に毎週通うようになった。「大好きな絵に集中すると、心が穏やかになり救われます。ここは私にとってなくてはならない第二の我が家なんです」。

世界に広がるマギーズセンター

センターは世界に広がり続ける。イギリスではすでに15か所を超えたが、イギリス以外では第一号は香港に２０１３年にできた。今ではオーストラリア、デンマーク、ノルウェーなどにも建設の予定がある。

日本でも「マギーズ東京プロジェクト」が進行した。きっかけは秋山正子さんの経験だ。秋山さんは主に臨床や看護教育に携わり、がん患者などが対象の訪問看護を長く行ってきた。

そうした経験から、がん患者を取り巻く状況の変化に気が付いた。次第に患者が病院の外来を訪ねる期間が長くなったが、そこでは薬剤についての会話しかないことが多い。日常生活の困りごとや病気についての悩みをざっくばらんに打ち明けたり、じっくり相談できたりするところがほとんどない。秋山さんはこうした患者の置かれた状況を目《ま》の当たりにしたり、患者からの訴えを耳にしたりするたびに胸を痛めた。

日本のマギーズセンター

2008年、国際がん看護セミナーにスピーカーの一人として参加した。たまたま同じ壇上でエジンバラのマギーズセンターのセンター長、アンドリュー・アンダーソン氏が話をした。秋山さんは彼の発表に衝撃を受ける。マギーズセンターでは、「相談者が自分自身の力で考えられるようにする。そのための力を取り戻せるような支援を行う」という。「これは今すぐにでも日本に必要だ」と確信、その場で彼に「見学に行きたい」と持ちかけた。

快諾を得て3か月後にはイギリスに飛び、マギーズセンターを実際に見学すると、さらに決意が固まった。マギーズをお手本にした「暮らしの保健室」を東京・新宿区に開設、仲間を増やす運動を続けた。

　そこで出会ったのが鈴木美穂さんで、彼女はすでにがん患者のための二つのグループを立ち上げていた。２人は、「マギーズ東京プロジェクト」の夢を実現させようと意見が一致した。そして、ついに２０１６年10月に東京・豊洲にオープン。半年で約２７００人が訪ねた。病院と家の中間に存在して、患者の感情を受け止める「第二の我が家」である（『潮』２０１５年11月号に掲載）。

＊　＊　＊

　イギリスは決して完璧な国ではない。国民投票で決まったＥＵ離脱は、ボリス・ジョンソン首相が率いることになったが、長くすったもんだした。やっと離脱にいたったものの、まだ明確な着地点は見えず混乱と不安は大きい。

　コロナ禍においても、首相自身が感染、対応が遅れてしまい、ヨーロッパ諸国の中では最多の感染者数であった時期が長く続いた。

　いたるところに階級が残り、国民が心を寄せる王室は、ヘンリー王子とメーガンさんのまさかの離脱、アンドルー王子の未成年買春事件とスキャンダルが終わらない。

それでも、街を歩けば弱者へのやさしい街作りをそこここに目撃できるし、何より人のやさしさに触れられる。やさしさはさりげないだけに、深く心にしみる。高齢者が急増し、コロナ禍で苦しむ人が目立つ日本。まだまだイギリスに学ぶ点は多いのではないか。

付記

新型コロナウイルスに関して、イギリスからよいニュースが入ってきた。イギリス政府は、2021年4月12日、すべての50歳以上、及び高リスクと判断された人々が1回目のワクチン接種を終了したと発表した。これで、ワクチンを1回以上接種した人の割合は人口比で、48・4％になる。これに伴い、感染者数も死亡者の数も激減している。

もちろんまだ油断はできないけれど、新型コロナウイルスに負けてばかりいた印象のイギリスとしては、久しぶりの元気の出るニュースに違いない。

さらに、4月20日イギリス政府は、次のパンデミック（世界的な大流行）への備えを強化し、ワクチンの開発を促進する国際的な専門家グループを立ち上げる方針を発表した。名称は、「パンデミック・プリペアードネス・パートナーシップ（ＰＰＰ）」。

ハンコック保健相は、「イギリスは、パートナーと協力して新型コロナウイルス危機からの脱却を図り、将来のパンデミックに対する世界的な備えを強化する。この専門家グループは、世界中の人々を新しい病気から守り、命を救うための今後数年間の取り組みの原動力となるだろう」と述べた。ジョンソン首相は、「将来のパンデミックには100日以内にワクチンを開発する」という目標を掲げている。守りから攻めの態勢に移ったのは、頼もしい。

おわりに

光文社新書の小松現さんから書き下ろしのお話をいただいたのは、2018年のことだった。イギリスで孤独担当相が創設されたとのニュースが世界を駆け巡っていたころである。ギター取り掛かったころに、夫が心臓の大動脈解離を起こし救急車で病院に搬送された。ギタークラブで仲間の皆さんと練習中だったが、隣に座っていた方が夫の異変に気付き、人工呼吸をしてくださった。おかげで、一命をとりとめることができた。

夫は退院後はいくつかの小さな後遺症は見られたものの、まずは普通の生活が送れていた。毎日血圧を確認し、指定された薬を飲み、公園の散歩を欠かさなかった。しかし、1年10か月後の定期検査で大動脈瘤が見つかった。担当医師は破裂すれば命の保証はないという。回復を信じて臨んだ手術だったが、意識が戻ることはなかった。

それで、原稿に向かう時間が取れず、またその気持ちにも到底なれず、時間ばかりがたってしまった。忍耐強く温かく待ってくださった小松さんには感謝の言葉もない。

新型コロナウイルスで巣ごもり生活が続き、まさに孤独の時間が長くなった。そのうえ長く生活をともにした配偶者を亡くし、私自身が究極の孤独を味わった。

日本では、孤独を称賛する書籍や雑誌などが少なくなく、孤独を楽しむ、という文言さえ躍っている。しかし、多くの人にとって孤独は耐え難いはずだ。孤独でも平然としているように見えるのは、ただ哀しくあきらめただけではないか。あるいはただ、仕方なく慣れていっただけかもしれない。表向きを取り繕っているだけなのかもしれない。

私は、多くの家族、友人、知人らの寄せてくれた言葉が時間とともに次第に耳に入ってくるようになった。また、毎日一行ずつでも原稿を書き進めることを課して、崩れ落ちそうになる自分を支えた。

孤独は地獄だ。つらく、悲しく、不安で、無力感と絶望感に襲われる。長いコロナ禍で、孤独で苦しんでいる方たちは、急増しているだろうと推測する。孤独対策先進国イギリスから孤独を抜け出す心の整え方が幾分でも得られれば、と願うばかりである。
最後にもう一度、小松さんに厚くお礼を申し上げます。ありがとうございました。
なお、文中の数字、年数、状況、称号、肩書きなどは、取材当時のものとします。

2021年5月

多賀幹子

本文写真　著者

多賀幹子（たがみきこ）

東京都生まれ。お茶の水女子大学文教育学部卒業。企業広報誌の編集長を経てフリーのジャーナリストに。元・お茶の水女子大学講師。1983年よりニューヨークに5年、'95年よりロンドンに6年ほど住む。女性、教育、社会問題、異文化、王室をテーマに取材。執筆活動のほか、テレビ出演・講演活動などを行う。著書に、『ソニーな女たち』（柏書房）、『親たちの暴走』『うまくいく婚活、いかない婚活』（以上、朝日新書）などがある。

孤独《こどく》は社会問題《しゃかいもんだい》 孤独対策先進国《こどくたいさくせんしんこく》イギリスの取《と》り組《く》み

2021年7月30日初版1刷発行

著　者 —— 多賀幹子
発行者 —— 田邉浩司
装　幀 —— アラン・チャン
印刷所 —— 堀内印刷
製本所 —— ナショナル製本
発行所 —— 株式会社光文社
東京都文京区音羽1-16-6（〒112-8011）
https://www.kobunsha.com/
電　話 —— 編集部03（5395）8289 書籍販売部03（5395）8116
業務部03（5395）8125
メール —— sinsyo@kobunsha.com

 ISBN 978-4-334-04552-4

1143
子育て罰
「親子に冷たい日本」を変えるには
末冨芳　桜井啓太

「子育て罰」とは、社会のあらゆる場面で、まるで子育てすること自体に罰を与えるかのような政治、制度、社会慣行、人びとの意識。「子育て罰大国・日本」を変える方策とは。

978-4-334-04551-7

1144
孤独は社会問題
孤独対策先進国イギリスの取り組み
多賀幹子

世界で初めて「孤独担当大臣」を設け、ＥＵ離脱後も混乱が続く国で、いま何が起きているのか。日本が学べることは何か。イギリス社会を見続けてきたジャーナリストが現地から報告。

978-4-334-04552-4

1145
ダイエットをしたら太ります。
最新医学データが示す不都合な真実
永田利彦

「ほぼ確実にリバウンド」「ＢＭＩ18・５未満の死亡率は２倍」「小太りが一番長生き」――ダイエットは百害あって一利なし。摂食障害が専門の精神科医が「やせ礼賛」文化を斬る！

978-4-334-04553-1

1146
教養としてのロック名曲ベスト１００
川﨑大助

現代人の基礎教養、ロック名曲１００を、これまでにない切り口で紹介・解説。著者の主観・忖度抜き、科学的な手法で得られた驚愕のランキングの1位は？　サブスク時代に最適のガイド。

978-4-334-04554-8

1147
日本のバドミントンはなぜ強くなったのか？
藤井瑞希

近年、なぜ日本のバドミントンは国際大会で目覚ましい結果を残しているのか。ロンドン五輪女子ダブルス銀メダリストの著者が自身の軌跡を振り返りながらその強さの秘密を語る。

978-4-334-04555-5